Theodor Storm nach einer Daguerreotypie von 1852

Theodor Storms
Weihnachtsbuch

Dokumente, Gedichte, Erzählungen

Gesammelt, herausgegeben und erläutert
von Gerd Eversberg

Husum

Umschlaggestaltung unter Verwendung von:
Hugo Bürkner, „Weihnachtserzählung“, 1883, aus: „Weihnachten im alten Kinderbuch“, Leipzig 1992 sowie weiteren Motiven aus dem Inhalt

Bibliografische Information Der Deutschen Nationalbibliothek

Die Deutsche Nationalbibliothek verzeichnet diese Publikation in der Deutschen Nationalbibliografie; detaillierte bibliografische Daten sind im Internet über http://dnb.dnb.de abrufbar.

Gesamtherstellung: Husum Druck- und Verlagsgesellschaft
Postfach 1480, D-25804 Husum – www.verlagsgruppe.de

ISBN 978-3-89876-873-3

Gertrud Storm: Weihnachten

Unser Vater war ein echter, rechter Weihnachtsmann, er wusste jedes Fest erst recht zu einem Feste zu gestalten. Den ganzen Zauber der Weihnacht seiner Kindheit wusste er in unsere Weihnacht zu übertragen. Und so feiern auch wir, seine Kinder, unsere Weihnachtsfeste ganz im Sinne unseres Vaters. Der Weihnachtsbaum wird genau so geschmückt, wie er einst ihm geschmückt wurde, die Kuchen nach den althergebrachten Familienrezepten gebacken, wie sie schon sein Kinderherz entzückten.

Wenn das alte, hehre Weihnachtsfest wieder naht und ich mich in eine rechte Weihnachtsstimmung versetzen will, setze ich mich in der Dämmerung in einen tiefen Lehnstuhl. Von draußen wirft die Laterne traulich ein mattes Licht durch die Fenster. Ich schließe die Augen und bald bin ich daheim im unserem großen, alten Hause in

Theodor Storm im Kreise seiner Familie: Hademarschen, Juli 1887

Husum in der Wasserreihe. Meine Geschwister und ich, wir sind wieder Kinder.
Es wird einmal wieder Weihnachten und wir Kinder leben in goldenen Träumen, bis das im Leben so seltene Wunder eintritt, dass diese Träume in dem brennenden Weihnachtsbaum verkörpert vor uns stehen. Draußen auf den stillen Wegen des Gartens, den Sträuchern und alten Bäumen liegt glitzernder Schnee. Im ganzen Hause duftet es nach Tannen und braunen Weihnachtskuchen. Feststimmung guckt schon aus allen Ecken, wie eine Ahnung von Weihnachtsabend. Es weihnachtet sehr – die Heimlichkeiten wachsen mit jedem Tage. Vater schließt sich immer häufiger in seiner Studierstube ein, und wir Kinder, die wir um die Zeit der Weihnacht gerne an den Türen lauschen, hören ihn die Tür des Nussbaumschrankes öffnen und leise wieder schließen. Dieser Nussbaumschrank birgt in seinem Innern alle Geheimnisse und Wunder fürs Weihnachtsfest. In einem unbewachten Augenblick treten wir doch ins Zimmer. Vater schließt schnell den Schrank, dann nimmt er uns in seine Arme, macht ein geheimnisvolles Gesicht, sieht uns innig an und sagt mit leiser Stimme nur das eine Wort: „Weihnachten".
In der Essstube ist großes Kuchenbacken. Unsere Mutter und die Mädchen stehen mit aufgekrempelten Ärmeln. Sie rollen weißen und braunen Kuchenteig aus, der in großen Steintöpfen um den Ofen herum steht. Große schwarze Platten stehen bereit, die verschieden geformten Kuchen aufzunehmen, die dann von den Mädchen zum Bäcker getragen werden. Auch wir Kinder haben unseren Teil bekommen. Wir stehen an unserem kleinen Kindertisch, ein weißes Nachthemd über unsere Kleider, ein gezipfeltes Taschentuch auf dem Kopfe. Jedes von uns hat ein Klümpchen weißen und braunen Kuchenteig vor sich, der bald unter unseren geschäftigen kleinen Händen in die wunderbarsten Dinge gewandelt wird. Die Tür öffnet sich und unser Vater tritt mit dem freundlichsten Leuchten seiner blauen Augen ins Zimmer.
„Ihr seid ja alle gewaltig in der Fahrt", neckt er und bewundert unsere herrlichen Schöpfungen, von denen man meistens nicht zu erkennen vermag, was sie vorstellen sollen. Es beginnt nun ein heim-

Mit Schaumgold verzierte Walnüsse und Erlen-Zapfen

liches Geflüster zwischen Vater und uns, und es gelingt uns, Vater einige kleine Weihnachtsüberraschungen verraten zu lassen, die unsere Freude am Weihnachtsabend keineswegs verringern.
„Morgen wollen wir vergolden und Netze schneiden", spricht Vater verheißungsvoll.
Wenn wir in ein bestimmtes Alter gekommen waren, durften wir vergolden helfen und Netze schneiden. Die langen, schmalen Streifen Rauschgold wurden freilich nur von unserem Vater geschnitten mit seiner großen alten Papierschere, die ich so deutlich vor mir sehe. –
Morgen ist heute geworden und Vater nimmt uns mit in seine Studierstube. Die dunkle Holztäfelung der Decke, die tiefrote, behagliche Färbung der Wände, an denen ringsherum die Bücherregale laufen, und über dem Tische die helle leuchtende Lampe schauen uns behaglich und gar verheißungsvoll an. Auf dem Tische ausgebreitet liegen Nüsse, Tannenzapfen, Eier und Schaumgold. Wir setzen uns alle um den Tisch und beginnen nach Vaters Anordnung Watte in Eiweiß zu tauchen, mit der wir vorsichtig die Nüsse und Tannenzapfen betupfen. Dann wird ein Stück Schaumgold auf die befeuchtete Stelle gelegt und vorsichtig mit Watte angetupft. Nun

Schaumgold oder Schlagmetall: „Ein Buch Fein Silber, darin seind 250 Blatt, Johann Caspar Finsterer, Goldschlager in Augspurg". „Ein Buch Metall darin seind 250 Blatt, Johann Georg Kübler, Goldschlager sel Erb des Senior Kübler in Fürth", 1. Hälfte 19. Jh.

werden zwölf Netze vom feinsten weißen Konzeptpapier geschnitten. Uns Kindern klopft das Herz dabei: „Wenn wir nun die Spitzen abschneiden!" In die Netze kommen große, viereckige Bonbons, die wir alter Tradition gemäß in farbige Papiere wickeln, die durchaus die Farben: Grün, Gold und Hausrot haben müssen. Auf diese Netze, in denen schon seine Kinderträume hingen, legte unser Vater besonderen Wert. Wer von uns zum ersten Male in seinem kleinen Leben ein solches wunderbares Netz tadellos ausgeführt hatte, kam sich vor, als sei er nun erst ein fertiger kleiner Mensch geworden.

Die weißen Netze sind geschnitten und tadellos zu unseres Vaters innigster Befriedigung ausgefallen. Goldene Nüsse, Eier und Tannenzapfen hoben sich leuchtend von der Tischplatte ab. Wir Kinder stehen ermüdet auf und wollen zu Bett gehen. Vater tritt ans Fenster und öffnet weit beide Flügel – der Mond scheint und wir Kinder sehen deutlich zwischen Vaters ausgebreiteten Armen in den beschneiten Garten. Da spricht Vater mit leiser, wie von Musik getragener Stimme:

Mondbeglänzte Zaubernacht,
Die den Sinn gefangen hält,
Wunderbare Märchenwelt,
Steig' auf in der alten Pracht.

Wir gehen still und nehmen den Zauber dieser Stimmung mit in unsere Träume, aus denen wir mit dem seligen Bewusstsein erwachen: „Heute ist er, der Heilige Abend." Nun beginnt ein buntes Treiben im Hause. Vater trägt alle seine Schätze selbst ins Weihnachtszimmer, in dem die zwölf Fuß hohe Tanne schon ihres Schmuckes wartet. Wir Kinder schmücken in unserer Kinderstube ein kleines, bescheidenes Bäumchen für arme Kinder. Wir haben ihn von unserem eigenen Gelde erstanden. Vater und Mutter schließen sich unten ins große Weihnachtszimmer ein, gleich wenn man in den Flur tritt links, und der Märchenbaum fängt an sich zu entfalten. Die Brüder Hans und Ernst kommen heim, und Karl, unser stiller Musikant. Heute muss Vater alle seine Kinder um sich haben, um ein rechtes Weihnachtsgefühl zu empfinden. Die Fenster der Weihnachtsstube

Netze aus Papier geschnitten, gefüllt mit in Buntpapier eingewickelten Bonbons

sind dicht verhangen, die vielen Türen, die ins Reich der Weihnachtswunder führen, verschlossen.
Vom frühen Morgen an kommen Scharen von Kindern, die von Haus zu Haus ziehen und im Flur ihre hellen Kinderstimmen ertönen lassen: „Vom Himmel hoch da komm ich her." Ein großer Korb mit Wasserkringeln steht schon bereit, mit denen die kleinen Sänger belohnt werden. Mittags wird nach althergebrachter Sitte Kaffee getrunken und Butterbrot gegessen. Der Kaffeekanne entströmt an diesem Tag ein wundersamer Duft, so duftet er nur einmal im Jahr, und die Butterbrote schmecken uns wie der schönste Kuchen.
Am Nachmittag wandern wir Kinder, jedes ein Körbchen am Arm, ins Kloster St. Jürgen. Wir wollen zwei alten Großtanten dort bescheren, Tante Anna und Tante Christine.
Tante Anna wird von uns bevorzugt. In ihrem kleinen, behaglichen Altjungfernstübchen liegen wir schließlich auf der Erde vorm offenen Ofen und schauen in die rote Glut der verglimmenden Kohlen. Die liebe, alte Tante sitzt im Lehnstuhl neben uns, ihr feines altes Gesicht von einer Spitzenhaube umrahmt. Sie erzählt uns altmodische Kindergeschichten, an die sich immer eine Moral knüpft. Wir hören interessiert zu, knacken dabei Nüsse und werfen die Schalen in die rote Glut. – Das knistert so schön. So vergeht die Zeit, vom Kirchturm drüben schlägt es halb fünf. Tante Anna hüllt uns sorgsam in unsere warmen Mäntel und Kapuzen und fort geht es.
Auf den Straßen liegt tiefe Dämmerung, der Schnee knirscht unter unseren Füßen. Schwärme von Kindern begegnen uns, hier und dort dringt aus einer geöffneten Haustür Gesang zu uns heraus. Wir fassen uns an den Händen und laufen und kommen atemlos heim. Im Flur bleiben wir stehen und singen, als gehörten wir zu den Sängern. Die Köchin kommt aus der Küche gelaufen mit den üblichen Wasserkringeln. Sie jagt uns lachend und scheltend in die Kinderstube. Wir werden nun festlich geschmückt und gehen dann in die Studierstube unseres Vaters, wo wir schon unsere Großmutter mit ihrer getreuen Lebensgefährtin, von uns „Tante Tine" genannt, und zwei alte Freunde des Hauses in behaglichem Geplauder vorfinden.
Seit dem Tode unseres Großvaters schaut Großmutter unserer Bescherung zu. Großvater war zwar niemals bei der Bescherung zu-

gegen, aber wir wussten doch, er saß währenddessen behaglich in seinem Kontor und freute sich über die kleinen Sendungen an Geld und Viktualien – meistens ein großes Stück Rauchfleisch –, die er von dort aus an Kinder und Schwiegerkinder gespendet hatte.
Nun auch er in das Land der Vergangenheit gegangen ist, lässt die bunte Kinderfreude diesen Abend der Erinnerung sanft für unsere alte Großmutter vorübergehen.
Endlich ertönt der Klang der silbernen Glocke. Wir stürzen die Treppe herunter, die Flügeltüren fliegen auf, wir treten ein, jung und alt. Ein starker Duft von Tannen, brennenden Lichtern und braunen Weihnachtskuchen schlägt uns entgegen – und da steht er, der brennende Baum, im vollen Lichterglanz. Ich will ihn mit meines Vaters eigenen Worten schildern:
„Mit seinen Flittergoldfähnchen, seinen weißen Netzen und goldenen Eiern, die wie Kinderträume in den dunklen Zweigen hängen.“ Oder wie er in einem Brief an Freund Keller geschildert wird: „Der goldene Märchenzweig, dito die Traubenbüschel des Erlen-

Der Struwwelpeter oder lustige Geschichten und drollige Bilder für Kinder von 3–6 Jahren von Dr. Heinrich Hoffmann. Jubiläumsblatt zum 100. Geburtstag. Naumburg (Saale) 1945, S. 1

Rotkehlchen auf einem Nest gefüllt mit Eiern. Watte, Papier und Papiermaschee, Nest aus feinen Holzspänen, 2. Hälfte 19. Jh.

samens und große Fichtenzapfen, an denen lebensgroße Kreuzschnäbel von Papiermaché sich anklammern. Rotkehlchen sitzen und fliegen in dem Tannengrün und eines sitzt und singt bei seinem Nest mit Eiern. Feine weiße Netze, deren Inhalt sorgsam in Gold und andere in Lichtfarben gewählte Papiere gewickelt ist."

Der Märchenzweig ist eine Erfindung meines Bruders Ernst. Ein großer Lärchenzweig wird ganz vergoldet und so in der Mitte des Baumes befestigt, dass er seine schlanken feinen Zweige nach allen Seiten ausbreitet. Ein Freund unseres Hauses, Regierungsrat Petersen, der derzeit in Schleswig lebte, taufte den so vergoldeten Zweig „Märchenzweig". Freund Petersen und Vater tauschten alle Jahre kleine Weihnachtsüberraschungen aus. In einem Jahre brachte er Vater kurz vor Weihnachten das erste Paket „Lametta". Vater schreibt darüber:

„Unser Tannenbaum hat in diesem Jahre besonderes Aufsehen erregt. Freund Petersen brachte am Sonntag vor Weihnachten eine Tüte märchenhafter Silberfäden. Mit diesen feinen Silberfäden wurde der Baum umsponnen, dass er aussah wie fliegender Sommer." –

Unser Karl setzt sich ans Klavier und stimmt leise an: „Stille Nacht, heilige Nacht". Wir alle stimmen ein. Das Weihnachtslied ist verklungen, wir umstehen den Baum und lassen die Wunder der Weihnacht still auf uns wirken. Vater nickt uns bewegt zu, legt den Arm um unsere Mutter und führt wie immer sie zuerst zu ihren Gaben, die geheimnisvoll umhüllt sind. Mitten auf dem Tisch steht zu Mamas grenzenloser Verwunderung Vaters Pelzmütze. Mama erfasst sie zögernd, ihr Blick hängt fragend an dem unseres Vaters – und hervor rollt eine große Papierkugel. Ein Papier nach dem andern

wird abgewickelt, bis sich schließlich in einem kleinen Kästchen verborgen ein feiner, goldener Ring dem erstaunten Blick zeigt. Eine Schlange, die sich in den Schwanz beißt, ein solcher Ring war ein lang gehegter Wunsch meiner Mutter. Vater erwartet leuchtenden Auges die Wirkung seiner Überraschung. Meine Schwester Ebbe sagte einmal bei solcher Gelegenheit: „Vater hat ein Weihnachtslicht in den Augen.“ Nun führt Vater jedes seiner Kinder zu ihren Gaben, uns kleine zuerst. Puppen – wohin wir sehen, kleine und große – und Bücher, die durften niemals auf unserm Weihnachtstisch fehlen.
Wir haben uns müde gespielt – wir nehmen unsere Weihnachtsbücher und setzen uns im trauten Schein des Lichterbaumes und lesen. Gar verführerisch ist es, heimlich ein Stückchen Zuckerwerk abzuzupfen und es ebenso heimlich zu verzehren. Vater tritt leise zu uns unter den Tannenbaum, streicht uns sanft mit seiner schönen, schlanken Hand übers Haar und fragt: „Hab ich’s getroffen?“ Nachdem sich das erste Entzücken gelegt hat, bringt die Köchin das messingene Kohlenkomfort, auf dem gar bald der blitzblanke

Ein Bund Silberlametta, Schlagmetall um 1900

geputzte Teelöffel ein melodisches Lied anstimmt, und der Duft feinsten Tees vermischt sich mit dem der Tanne und der braunen Weihnachtskuchen. Die beiden Mädchen in den gleichen maiengrünen Festgewändern, mit Häubchen und blendend weißen Schürzen angetan, präsentieren den Tee, wir Kinder den knusperigen Weihnachtskuchen. So sitzen wir recht traut beisammen. Da erklingt von draußen, vom Vorplatz, der Gesang einer tiefen melodischen Altstimme zu uns herein:

„O du fröhliche, O du selige,
gnadenbringende Weihnachtszeit."

Theodor Storm
1857

Ein helles Leuchten verklärt das liebe Angesicht unseres Vaters, er steht leise auf, öffnet die Tür und zieht ein gar liebliches kleines Bettelmädchen herein.

Das Kind, mit von der Kälte geröteten Wangen, strahlenden Kindesaugen, das Gesichtchen von blonden Locken umrahmt, bleibt stumm und wie verzaubert im Türrahmen stehen.

Wir alle umstehen sie, sie muss noch einmal ihre glockenreine Stimme hören lassen. Dann erfasst Vater eines ihrer schmutzigen kleinen Händchen und fragt sie liebreich:

„Was willst du nun haben, etwas zu essen oder Kuchen?"

„Danke, ich hab schon gegessen", spricht das Kind, zutraulich zu unserer grenzenlosen Freude. Da heißt mein Vater sie ihr Schürzchen auftun, Mama nimmt vom Tisch einen vollen Teller Weihnachtskuchen und schüttet sie in die ausgebreitete Schürze.

Voll leuchtenden Dankes schaut das Kind zu Mama auf, wirft noch einen scheuen Blick auf all den Lichterglanz und die strahlenden

Gesichter und fort ist sie, die kleine Lichtgestalt, denn so erscheint sie uns trotz ihrer Lumpen.
Die Lichter sind erloschen, die glitzernde Pracht des Baumes leuchtet nur noch im matten Dämmerlicht der Lampen. Unsere Mutter ruft zum Festessen. –
Wir Kinder trennen uns schweren Herzens vom Tannenbaum, unseren Puppen und Büchern. Sauerbraten und ein großer Apfelkuchen – Tante Moritz genannt – bilden das Festessen, Punsch, nach Vater kurzweg „Landvogt" genannt, ist das Festgetränk.
Wir alle sitzen an unseren Plätzen, der Punsch ist in die Gläser geschenkt, Vater erhebt sein Glas, er nickt uns allen voll innigster Befriedigung zu und sendet dann in einem kleinen Trinkspruch „einen vollen Gruß seiner Liebe" allen denen, die seinem reichen, liebevollen Herzen nah, an diesem Abend aber ferne von ihm sind.
Der Apfelkuchen wird aufgetragen, nach dem unsere begehrlichen Kinderaugen schon lange ausschauen.
Einer der alten lieben Weihnachtsgäste wirft an jedem Weihnachtsabend zu unsrer heimlichen Freude die Frage auf: „Ist das nicht Tante Moritz?" Und jedes Mal folgt die prompte Antwort: „Ja, das ist Tante Moritz."

Punschbowle aus Theodor Storms Besitz. Steingut

Von Tante Moritz ist nach einer Weile keine Spur mehr und nun geht es noch einmal zurück ins Weihnachtszimmer. Jedes von uns folgt seinen besonderen Neigungen. Meine Brüder ergreifen mit einem wahren Festtagsausdruck ihrer blauen Augen die neuen Bücher und ziehen sich mit ihnen in irgendeinen Schmunzelwinkel zurück. Wir Kinder nehmen unsere Puppen auf den Schoß und lauschen, denn Karl, unser Musikant, singt uns ein neu einstudiertes Lied von Robert Franz:

Einen schlimmen Weg ging gestern ich,
Einen Weg, den ich nicht wieder geh,
Zwei süße Augen trafen mich,
Zwei süße Augen, lieb und blau.

Karl hat einen wunderbaren Bariton und singt einfach, mit tief zu Herzen gehendem Vortrag. Zum Schluss spielen Karl und meine Schwester „Nussknacker und Mausekönig“ von Karl Reinicke. Vater liest den Text dazu. So ist es immer bei uns.
Lautlos lauschen wir alle, eine träumerisch-selige Stimmung umfängt uns. Der letzte Ton, das letzte Wort ist verklungen. Unsere Mutter mahnt leise zum Schlafengehen. Draußen vor den Fenstern stäubt der Schnee, aber während wir Kinder bald in einen tiefen Schlaf fallen, machen die Eltern und großen Geschwister noch einen Besuch im brüderlichen Hause in der Süderstraße.
Jahre kommen und gehen. Es ist unserm lieben Vater nicht mehr vergönnt, alle seine Kinder um den heimatlichen Weihnachtsbaum zu versammeln. Stattdessen werden Kisten gepackt und Pakete gemacht und Weihnachtsbriefe geschrieben. An Hans nach Wörth in Bayern, wo er als Arzt lebt, an Ernst nach Toftlund und Lisbeth nach Heiligenhafen. Sie haben sich inzwischen selbst ein Heim gegründet und schmücken dort ihren Kindern den Baum.
Und Vater klagt in einem Briefe an seine Tochter Lisbeth: „So haben wir denn das Weihnachtsfest gehabt und ich fühle es recht schmerzlich, dass wir gar so getrennt sind. Es ist sehr schön, der Mittelpunkt einer großen Familie zu sein, aber recht schwer, wenn so ein alter Mensch sich in so viele Teile spalten soll. Für mich feh-

len zu viele von Euch, als dass das Weihnachtsgefühl so recht hätte aufkommen können."

Noch einmal, ein letztes Mal, wird es für unseren lieben Vater „Weihnachten". Zum ersten Male fehlt eines seiner Kinder ganz, auch seine liebevollsten Gedanken vermögen es nicht mehr zu erreichen. Unser ältester Bruder Hans ist von uns gegangen. Der Baum steht noch einmal in vollem Lichterglanz, die Flügeltüren öffnen sich weit. – Vater legt den Arm um Mama, wir, die wir keine Kinder mehr sind, umstehen das Klavier und Karl stimmt leise an: „Stille Nacht, heilige Nacht." Wie wir an die Stelle kommen: „Schlaf in himmlischer Ruh" – da breitet Vater weit die Arme aus, Tränen stürzen aus seinen lieben Augen und leise hören wir ihn die Worte sprechen: „Unten in Bayern, da ist ein einsames Grab, darüber weht der Wind und der Schnee fällt in dichten Flocken drauf."

Wir singen nicht weiter, wir gehen zu ihm und nehmen sanft seine lieben Hände, und eine schmerzliche Ahnung, dass wir wohl zum letzten Male mit unserem lieben Vater unter dem brennenden Lichterbaum stehen, durchzittert unsere Herzen. So endete das letzte Weihnachtsfest mit unserem Vater.

Federzeichnung von Franz Graf Pocci

Aus Weihnachtsbriefen von Theodor Storm

An Therese Rowohl; Kiel, Anfang 1838:

Den letzten Weihnachten habe ich wieder einmal nach drei Jahren im Kreise der Meinigen zugebracht; meine Geschwister harrten und horchten, jubelten und sprangen, wie sonst, der Baum brannte, ich ward freundlich und reichlich beschenkt, wie vor Jahren[1]; allein der Zauber der Kinderwelt war verschwunden; und dass ich dies fühlte, war ein harter Schmerz für mich am Heiligen Abend; die Welt, die wir in unserm Geiste bauen, ist alles: wir streben nach Wahrheit und die beglückende Täuschung fällt. Darum liebe ich die Kinder, weil sie die Welt und sich selbst noch im schönen Zauberspiegel ihrer Phantasie sehen. –

An Bertha von Buchan, Kiel, 31.01.1841:

Wir haben seit meinem letzten Briefe Weihnacht und Neujahr gehabt[2], was ich ja alles, wie schon besagt und beklagt, hier in Kiel verleben musste. Indes hatten wir sechs Husumer doch einen Weihnachtsabend, wovon ich Dir wenigstens etwas erzählen will, da das Ganze bei mir gewiss bleibend einen freundlichen Eindruck zurücklassen wird. Ich mit noch einem Freunde arrangierte das Ganze mit aller möglichen Heimlichkeit vor den andern; in einem großen hohen Zimmer stellten wir eine prachtvolle 8 Fuß hohe Tanne auf, schmückten sie reichlich mit goldenen Äpfeln, Eiern, Netzen, Zuckerzeug und vielen bunten Lichtern; von der Spitze zu jeder Seite herab hängen zwei lange weißseidene Fahnen, auf der einen die Wappen von Schleswig und Holstein, darunter einen Königsspruch, der die bleibende Vereinigung dieser beiden Herzogtümer ausspricht: „wi laven dat Sleswik und Holsten bliven ewig tosamende ungedeelt!“[3] – auf der andern Fahne das Husumer Stadtwappen, als

Umschrift einen Vers aus einem alten Studentenliede: „Süßer Traum der Kinderjahre, kehr noch einmal uns zurück.“ – Für die Gesamtbeiträge wurde für jeden 1 Geschenk gekauft, außerdem wurden gegenseitig an uns als Kommission manche Privatgeschenke abgeliefert, ferner hatte ich von den Eltern, Geschwistern, Bräuten der andern alle zum Weihnachtsabend bestimmten Geschenke an mich schicken lassen. Das alles stellten wir auf großen Tischen um den Weihnachtsbaum, und nachdem wir alle Lichter angezündet hatten, riefen wir die ungeduldigen Kinder zum Christfest. Unsre Einrichtung verfehlte ihren Zweck nicht. So rasch sie bis zur Tür stürmten, so langsam gingen sie hinein; denn der Christbaum ist ein brennendes Geheimnis! Ich sah es wohl, ihre Herzen waren in der Stunde wie die der Kinder. Engel knieten an der Schwelle, hütend bei dem frommen Schein; von den Lippen klang es helle; nur die Kinder gehen ein![4] So blieb die Stimmung den ganzen Abend; wir freuten uns stundenlang am Baum, an den Geschenken, an den guten Einfällen, die dabei vorkamen; kein leichtsinniges Wort hätten wir geduldet. Bei Tisch brachten wir das erste Glas allen unsern Lieben in der Ferne, das zweite der bleibenden Vereinigung unseres Vaterlandes in den beiden Herzogtümern, das dritte unserer Vereinigung. Um 1 Uhr ging jeder mit seinen Geschenken beladen nach Haus, die bei allen noch manchen Tag auf dem Tische zur Schau standen.

Bertha

An Hartmuth Brinkmann und Laura Setzer[5], Husum, Dezember 1851:

Ich bin in diesen Tagen ein rechtes Weihnachtskind gewesen; darum wollt Ihr, lieben Freunde, Euch auch nicht wundern, wenn dieser Brief zum Teil von einem Kinde geschrieben wird. Ich sitze hier in unserm Saal[6], der das Wohnzimmer für die Festtage ist, und vor mir steht der Weihnachtsbaum und welch' einer! Die schönste Tanne meines Gartens, mit der Spitze fast an die Decke reichend, mit den untern dicklaubigen Zweigen die Bütte (aus der Setzerschen Haushaltung durch Detlef entlehnt) überhängend. Zuckerzeug von Meier aus Altona; Schleswig-Holsteinische Dragoner, Trommelschläger, Frösche in natürlicher Größe, Eisele und Beisele[7], Affen und gelbe Wurzeln, etc. etc. kleine nackte Wachskinder, die jedes Mädchenherz entzücken müssen, schweben auf den Tannenspitzen, unzählige Glaskugeln, goldne Eier, goldne Wallnüsse und Pflaumen, denen ich die Arbeit dreier Feierabende widmete, während Propst Feddersen[8] uns Arnims Appelmänner[9] vorlas, Rosinenguirlanden, Rauschgoldstreifen, buntgefüllte weiße Netze, über deren richtige Construction eine ganze Ratsversammlung gehalten worden; und auf diesen wunderschönen Baum hatten wir außer der Hohlen Gasse[10] den alten Propsten Feddersen (Käthe ist bei uns auf Besuch) den würdigen kleinen Doktor[11] und Detlef eingeladen, der im schönsten Staat anhero erschien; unsre alte Großmutter, die ein Paar Schlagartige Zufälle gehabt hat[12], war doch auch wieder so weit, um in der Kutsche erscheinen zu können. Nachdem fünf Personen 6 Stunden damit zugebracht hatten, nur um die Sachen an diesem ungeheuern Baum zu befestigen, wurden denn gestern Abend um 5 Uhr die 60 Wachslichter angezündet; und ich konnte mir mit aufrichtiger Befriedigung sagen: ein solcher Weihnachtsbaum brennt vielleicht heut Abend in ganz Schleswigholstein nicht mehr! („Germania, das große Kind, erfreut sich wieder seiner Weihnachtsbäume."

Hofmeister Dr. Eisele und Baron Beisele, Figuren aus der Zeitschrift „Fliegende Blätter", München, 1848

(Heine, Romanzero.))[13] Übrigens war ich doch eigentlich nicht hochmütig auf meinen Baum; die letzte Phrase ist mir nur heut so nachträglich aufs Papier gekommen. Ein eigenes Gefühl war es aber, dass der Baum noch lebendig ist, und nach Neujahr wieder in die Erde soll. Was wird der den Vögeln zu erzählen haben! Hans[14], der, bis der ersehnte Ruf erscholl, wie eine Stahlfeder, so oft die Tür aufging, gar nicht in der Vorstube zu halten war, wurde denn so mit Spielzeug von allen Seiten überhäuft, dass er eigentlich zu keinem einzelnen ein rechtes Interesse fassen konnte, er bekam 20 verschiedene, zum Teil, größere Sachen, darunter 4 Bilderbücher, und in der Tat die Creme vom diesjährigen Kinderbilderbüchermarkt; Glasbrenners Marzipan, Bürkners Fibel, Deutsches Weihnachtsbuch von Heger u. ein älteres, Speckters Fabeln.[15] Der kleine Ernst[16] hatte an allem die unaussprechlichste Freude, er saß auf der Diele und trommelte auf einer kleinen Trommel, und dann hielt er wieder still, und brach in lauten Triumph und Bewunderung aus, und rief Papa oder Mama oder sonst einen entzückenden Laut aus seiner kleinen Kinderkehle. Der Baum mit seinen Lichtern machte die Luft in dem großen Saal fast glühend, sodass wir die Saaltüren öffnen mussten. Die alte Großmutter saß ganz selig im Sofa bei diesem Kinderschein, sie wünschte uns, dass wir noch viele so schöne Abende verleben möchten; aber es sei wohl ihr letzter; sie habe sich so darauf gefreut, noch einmal das Fest mit uns zu erleben, dass sie in den letzten Tagen jede Stunde bis zu diesem Abend gezählt habe. Nachdem der Baum etwa anderthalb Stunden gebrannt hatte, wurden die Lichter ausgetan, wogegen Hans freilich aufs Energischste protestierte, und nun gab es in dem ganz verfinsterten Saal Schattenspiel an der Wand und Transparentkasten.[17] Nach 7 Uhr fuhr dann die hohle Gasse nach Haus und die Kinder waren zu Bett gebracht; der Rest der Gesellschaft besah nun die Bilderbücher, die 24 ersten Münchener Bil-

Tannenbaumschmuck: Rosinenkette, Papiernetz und Biedermeierkugel

Laterna magica mit kolorierten Transparentbildern. Frankreich, Ende 19. Jh.

derbogen[18] und die Schiefertafelbilder[19], die ich für Weihnachtsabend angeschafft hatte. Wir saßen in der angenehmsten Wolke von Tannenbaum- und Weihnachtskuchenduft; dann kam noch das unerlässliche Festgericht, Fische und Futjen[20] (so schreib *ich* diese Lieben); und dann war die Polizeistunde und die vollständigste Müdigkeit da. Für ein kleines Mädchen unsrer Waschfrau hatten wir auch einen Weihnachtsteller ausgerichtet; die war auch unser Gast, und wahrscheinlich der seligste. – Das war unser Weihnachten.

In einem Kochbuch aus Storms Bibliothek hat sich Folgendes vom Dichter handschriftlich eingetragene Rezept erhalten[21]:

Futjen
l Quartier [ca. l Liter] Milch, 1/2 w [Pfund] Butter, 4 w Mehl, 2 l [Liter?] Rosenwasser, 1/2 [Pfund] Korinthen (Rosinen), die Schale von 2 Citronen, l Loth Cardemum, etwas Franzbranntwein, 15 Eier, das Weiße zu Schaum geschlagen. – Milch und Butter – werden zu Feuer gesetzt, und von dem Mehl so viel hinzugerührt, bis es eine steife Pappe ist.

An Ernst Esmarch[22], Potsdam, Dezember 1854:

Lass es denn nun erst einmal Weihnachten werden. Es war immer mein schönstes Fest, und brachte mir immer wieder den Frieden meiner Kinderheimat, nach dem ich jetzt so oft vergeblich Sehnsucht trage.

An Ernst und Elsabe Esmarch, Potsdam, 22.12.1854:

[Ich werde] mich lediglich dem Weihnacht widmen, Netze schneiden, Bonbons und Schokolade einwickeln, in Ermanglung von Eiern Kartoffeln vergolden, und die schon auf dem Weihnachtsmarkt gekaufte Tanne mit aller Kinderherrlichkeit behangen. Es wird recht bunt bei uns werden, da Vater aus Husum mit seiner liebevollen Vorsorge die Mittel dazu rechtzeitig übersandt hat; eine lebendige Wachtel in grünem Holzbauer, ein Baukasten, zwei Flinten, die ordentlich mittelst eines Korkpfropfens knallen, eine Menagerie mit süperben Tieren von Papiermaché und Käfigen mit Messingstangen, die hinten eine Tür haben, ein Kramladen, ein großes naturgeschichtliches Bilderbuch, einige Münchner Bilderbogen, ein ausgestopftes Kaninchen und das Hauptstück: für Carl[23] ein wunderschönes sauber aufgezäumtes Schaukellamm (Preis 4 Rthr); für Constanze eine Muff, ein Glas eau d. Cologne, Paul Heyses Novellen, und außerdem – Du liebe Mutter erinnerst Dich vielleicht eines kleinen Kätzchens mit einer roten Rose in Perlenstickerei ich meine von Emilie Sommer; das habe ich wieder, wie es gewesen, heimlich zurecht machen lassen, und werde es mit Marzipanbrötchen gefüllt neben den andern Sachen stellen, eine Erinnerung an vergangene Zeit.

An seine Eltern[24], Heiligenstadt, 20.12.1856:

Es wird Weihnachten! Mein ganzes Haus riecht schon nach braunem Kuchen – versteht sich nach Mutters Rezept – und ich sitze so zu sagen schon seit einer Woche im Scheine des Tannenbaums. Ja,

Schwebender Engel, Papiermaschee mit Wachsüberzug. Um 1870

wie ich den Nagel meines Daumens besehe, so ist auch der schon halbwegs vergoldet. Denn ich arbeite jetzt abends nur in Schaumgold, Knittergold und bunten Bonbonpapieren; und während ich Netze schneide und Tannen- und Fichtenäpfel vergolde, und die Frauen, d. h. meine Frau und Röschen,[25] Elsbeth's Puppe[26] ausputzen, liest Onkel Otto[27] uns die „Klausenburg" von Tiek[28] vor, oder gibt hin und wieder eine Probe aus den Bilderbüchern, die Hans und Ernst auf den Teller gelegt werden sollen. Gestern Abend habe ich sogar Mandeln und Zitronat für die Weihnachtskuchen schneiden helfen, auch Kardamom dazu gestoßen und Hirschhornsalz.[29] Den Vormittag war ich stundenlang auf den Bergen in den Wäldern herumgeklettert, um die Tannenäpfel zu suchen. Ja, Ihr hättet mich sogar in meinem dicken Winter-Sürtout[30] hoch oben in einer Tannenspitze sehen können. Freilich hatte ich mich vorher gehörig umgesehen; denn der Herr Kreisrichter[31] durfte sich doch nicht auf ganz offenbaren Waldfrevel ertappen lassen.
Jeden Morgen, die letzten Tage, kommt der Postbote und bringt ein Päckchen oder einen Brief aus der Heimat oder aus der Fremde von Freunden. Die Weihnachtszeit ist doch noch gerade so schön, wie sie in meinen Kinderjahren war.
Wenn nur noch der Schnee kommen wollte; wir wohnen hier so schön einsam zwischen den Bergen, da müsste der Weihnachtsbaum, wenn er erst brennt, prächtig in die Winterlandschaft hinausleuchten.

Ingwerkuchen
$^3/_4$ Pfund Syrup, warm gesetzt mit $^1/_4$ Pfund Butter, dann $^1/_2$ Pfund Zucker, l Pfund Mehl, $^1/_4$ Pfund Citronat, 4 Loth Ingwer, 2 Loth Coriandersamen, 3 Eier, l Theelöffel Hirschhornsalzpulver.

An Friedrich Eggers, Heiligenstadt, 20.12.1856:

Mein lieber Freund![32]
Es wird Weihnachten; vergnügte Weihnachten also! – Mein ganzes Haus riecht schon nach braunen Kuchen – nach dem Rezept meiner Mutter[33] – und ich sitze so zu sagen, schon seit einer halben Wochen im Schein des Tannenbaums. Wie ich den Nagel meines Daumen jetzt besehe, so ist er auch halbwege vergoldet; denn ich arbeite abends jetzt nur in Schaumgold, Knittergold[34] und bunten Papieren; und während ich Netze schneide und Tannen- und Fichtenäpfel vergolde, und die Frauen d. h. meine und Fräulein Rosa Stein, die bei uns überwintert, die Puppe für Klein-Lisbeth auszuputzen, liest Onkel Otto d. h. mein Bruder Gärtner uns die „Klausenburg" von Tieck oder eine andre schöne Spukgeschichte vor, aber auch eine Probe aus den Bilderbüchern von Corrodi[35]; die Hans und Ernst auf den Teller gelegt werden sollen. Gestern Abend habe ich sogar den Frauen Mandeln und Zitronat für die Weihnachtskuchen hacken helfen; auch Kardamom dazu gestoßen und Hirschhornsalz, mit welchem letztern man sich in einem messingenen Mörser sehr in Acht nehmen muss; den Vormittag war ich stundenlang im Walde umhergekrochen, um die Tannäpfel zu suchen; ja Ihr hättet mich sogar mit meinem dicken Winterpelz hoch oben in einer Tannen sitzen sehn können, um einen besonders schönen Zapfen abzubrechen. Freilich hatte ich mich vorher gehörig umgesehen; denn der Herr Kreisrichter durfte sich doch nicht auf ganz offenbarem Waldfrevel ertappen lassen. Jeden Morgen kommt der Postbote und bringt Päckchen und Briefe aus der Heimat und der Fremde, von Freunden und Verwandten; die Weihnachtszeit ist doch noch grade so schön, wie sie in meinen Kindertagen war. Wenn nur noch Schnee kommen wollte; wir wohnen hier außer der Stadt[36] zwischen den Bergen; da würde der Weihnachtsbaum, wenn er erst brennt, prächtig in die Winterlandschaft hinausleuchten.

Abb. rechte Seite:
Münchner Bilderbogen – Storm schreibt am 2. Januar 1869 an seinen ältesten Sohn Hans: „Wir hatten die Wohnstuben voll von allerlei Geschenken. Die Wand der zweiten war mit den schönen deutschen Bilderbogen ganz tapeziert."

Das Schicksal eines Christbaumes.

Gar fern am stillen Waldessaum
Da steht ein junger Tannenbaum,
Der Wind streicht durch sein grünes Kleid —
Wie lange wird ihm doch die Zeit!

Da plötzlich kam zum grünen Tann
Mit blanker Axt ein finst'rer Mann,
Der schlägt die zarte Tanne um,
Sagt nicht wohin und nicht warum.

Der hat sie auf dem Schlitten sacht
Zum Christmarkt in die Stadt gebracht,
Wo bunt die Leut des Weges wandeln,
Ein reicher Herr that sie erhandeln.

Und als der heilige Abend war,
Da jubelt aut die kleine Schaar,
Da strahlt der Christbaum hell von Kerzen,
Voll Spielzeug und voll Zuckerherzen.

Das Zuckerzeug war bald verzehrt,
Da ward der Christbaum abgeleert,
Wehmüthig stehn herum die Kleinen:
Auf's Jahr erst gibt es wieder einen.

Drei Tage nach dem heil'gen Christ,
Da lag er draußen auf dem Mist,
Der Wind streicht durch sein grünes Kleid,
Dahin — ist alle Herrlichkeit.

Münchener Bilderbogen. Nro. 417. Herausgegeben und verlegt von Braun & Schneider in München.
Kgl. Hofbuchdruckerei von Dr C. Wolf & Sohn in München.

Weihnachtsbaum im Storm-Haus dekoriert. Theodor-Storm-Gesellschaft

An seine Eltern, Heiligenstadt, 19.12.1858:

Wie unendlich gemütlich war das einst vor Jahren, zu Hause[37], wenn in der großen Stube die Lichter angezündet waren, der Teekessel sauste, die braunen Kuchen und Pfeffernüsse standen auf dem Tisch, Vater und wir Kinder warteten dort auf Lorenzen[38] und Onkel Woldsen[39], während drüben in der Wohnstube der Weihnachtstisch arrangiert wurde. Ich sehe noch die erleuchtete Außendiele, auf die wir immer, wenn die Haustür ging, ausguckten. Und mir ist, als habe an diesem Abend die Dielenlampe besonders hell gebrannt. Wie oft wurden wir getäuscht, wenn statt der erwarteten Gäste eine Schar singender Kinder in die Haustür drängte. Aber dann ging's erst einmal hinunter in die Küche, wo der große Kessel über dem Herdfeuer stand und wo schon die ersten Futjen auf der Siebschüssel lagen. – Da hörte man oben die Haustür gehen – gewiss da kommen sie und nun wieder treppauf mit einem dampfenden Futjen in der Hand. Auf dem Wege noch einen Blick durch das Hoftürfenster nach Clausen's Comtoir; ja, da wars schon dunkel, der war schon mit Thomas[40] drinnen und half die Kerzen anzünden. Wie kommt mir das alles jetzt groß und hell und weit und ewig begründet vor! Und so ist es auch, wenigstens in meinem Herzen. Sogar Onkel Woldsen und Simon[41], diese grade nicht poetischen Gestalten, sind von der wärmsten Glorie meiner Erinnerung umgeben. Jedesmal, wenn ich Onkel Woldsens mir noch erhaltene Geschenke zu Gesicht bekomme, – den kleinen Globus, Körners Werke[42], Straß alte Geschichte[43] – danke ich dem Mann für die Freude, die er mir als Kind an so manchem Weihnachtsabend gemacht hat und jetzt, wo ich es so gern noch möchte und wo es nicht mehr möglich ist, kann ich nicht begreifen, dass ich ihm in späteren Jahren niemals wieder meinen Dank ausgesprochen habe; aber vergessen ist es nicht.
„Doch das ist nun vorüber und kehret nimmer so!“ (Mörike.) Lebt wohl und gedenkt am Weihnachtsabend unserer so herzlich, wie wir Eurer gedenken werden und seid alle gegrüßt: Vater, Mutter, Emil, Tine[44] und Krebs[45].

An Ludwig Pietsch[46], Husum, 16.12.1864:

In unsrer Weihnachtsstube wird ein großer Putschenillekasten[47] (so nennen *wir* das Ding) stehen; neue Schauspieler vom echtesten Schrot hab ich dazu aus Hamburg verschrieben, Tod und Teufel fehlen nicht, und Kasper spricht das reinste Platt. Er wird sich bei der Eröffnung des Zimmers verbeugen und die Gesellschaft von seinem hohen Ort aus begrüßen.

An Hans Storm, Husum, 16.12.1866:

Gestern haben wir bei Topf[48] einige Kleinigkeiten für die Kinder gekauft, und in Gedanken an Dich und Deine Baumfreude akquirierte ich bunte Glasperlen und einige sehr schöne Baumpuppen resp. von Wachs und Papiermaché.

An Hans Storm, Husum, 21.12.1868:

Dass eifriger vergoldet als gearbeitet und geübt wird jetzt bei uns, kannst Du dir denken; neulich waren Reventlow und Frau[49] hier und lernten das Erlenvergolden.

An Ernst Esmarch, Husum, 23.12.1871:

Lieber Vater!
Es ist wieder einmal Weihnachten, und die Kinderschar lebt in goldenen Träumen, bis das im Leben so seltene Wunder eintritt, dass diese Träume in dem Weihnachtsbaum verkörpert vor ihnen stehen. Deine freundliche Gabe haben wir so verteilt, dass auf jedes der vier Ältesten ein blanker Thaler gekommen ist und für die anderen noch allerlei kleine schon bei Seite geschobene Wünsche befriedigt sind. Den beiden Leipzigern, Ernst und Karl, die auf des Letzteren Stube den Weihnachtsabend mit einer Bowle feiern wollen, wird

dieser kleine Zuschuss für ihr Fest nicht unwillkommen sein. Ihre Cousine Lucie scheinen sie doch von den Pastorsleuten nicht loseisen zu können. – Hans wird jetzt schon bei seinem Onkel Otto in Heiligenstadt sein, was ja von seinem seit Michaelis gewählten Musensitz Marburg[50] nicht eben weit ist. Er denkt dort bis zum 4. Januar zu bleiben. Der alte Bursche äußerte in seinen letzten Briefen eine große Sehnsucht, wieder einmal in der Familie zu sein. Übrigens hat er bei seiner Übersiedelung von Würzburg einen fatalen Unfall gehabt; ein Koffer mit allerlei Kleidungsstücken, Briefschaften, Universitätszeugnissen etc, der in Würzburg am 4. November als Eilgut auf die Bahn gegeben worden, ist trotz aller Nachforschungen bis jetzt verschwunden; wogegen zwei als Frachtgut aufgegebene Kisten glücklich angekommen sind. Die Sache scheint ihn sehr aufzuregen, namentlich wegen seines ganzen darin enthaltenen Briefwechsels; vielleicht hat sich in Folge dessen sein Asthma wieder eingestellt, was ihn das ganze Jahr in Würzburg frei gelassen hatte.

Kleiner Rauschgoldengel, Nürnberg um 1900

Heut Abend soll denn bei uns Baum geputzt werden. Mein College Nissen[51] und seine Schwester kommen als Helfer; auch Pauline Petersen[52], bei der jetzt Lisbeth mit trefflichem Erfolg Klavierstunden hat. Die junge (d. h. nicht so übermäßig junge) Dame, eine Quasi-Nichte von Simon Lorenzen, eine Lieblingsschülerin des alten Plädi in Leipzig, war zuletzt mehrere Jahre Klavierlehrerin in einem Institut zu Fontainebleau bei einer Tochter des bekannten Schriftstellers Emil Souvestre[53], wurde aber durch den Krieg[54] heimgejagt. – Ich selbst übrigens lasse die andern vergolden und einwickeln und anbinden. Ich habe mich in dem Punkt auf Abnahme begeben[55], und sehe zu, und drehe die Daumen um einander, oder probiere höchstens einmal die Güte des Konfekts.
Do[56] und die Kinder grüßen Dich, lieber Großvater; sie sind alle gewaltig in der Fahrt. Grüße auch Stolle's[57] herzlich und seid am Weihnachtsabend recht gemütlich beisammen. Zum Sommer den-

ke ich Euch in Segeberg heimzusuchen; und auch die Jungens werden wohl alle drei der Reihe nach ihre Aufwartung machen.
Zu den Austern wünsche ich guten Appetit.

Dein Theodor.

An Ernst Storm, Husum, 29.12.1870:

Am Weihnachtsabend war es denn recht still bei uns, Simon Lorenzen kam einmal und guckte vor, Tante Anna[58] war unser Gast und erhielt eine nette Tischdecke, Klosterausrüstung, die sie hoffentlich bald gebrauchen kann. College Nissen und Schwester waren den Abend vorher bei uns und halfen wacker am Baum, woran schon Karl Welt und Musik vergessen 3 Tage lang gearbeitet hatte; Frl. Nissen hatte auch eine Menge für uns neuer Dinge mitgebracht. Gern hätten wir das freundliche Geschwisterpaar Weihnachtabend bei uns gehabt: aber sie wollten nach Friedrichstadt zu ihrer Mutter. Schändlicherweise sind sie nun doch, ohne dass wir es wussten, des schlimmen Wetters wegen, draußen in ihrer Einsiedelei eingeschneit sitzen geblieben. Die Kinder aber mit ihren 3 Puppenstuben und 16 kleinen Püppchen waren selig; mir ist, als hätten sie noch nie so zufrieden und unersättlich gespielt; Dodo[59] trinkt sogar des Morgens in ihrer Puppenstube. Unter'm brennenden Baum wurde ein großer Korb von Lisbeth ausgepackt, wo für alle, auch Großvater u. Großmutter (nur nicht für Karl) was darin war. Für mich ein allerliebster Wischtuchkorb, für Mama Ärmel u. Klappe und so gut und sauber alles, dass Mama eine rechte Freude daran hatte. Einen Serviettenring mit der gestickten Aufschrift „Meiner Doni“ nahm Theodor Petersen[60], der der Bescherung beiwohnte, für seine Schwester in Empfang. Von

Erlenzapfen, teils mit Schaumgold belegt

Mama erhielt ich ein hübsches Blumenglas u. die schöne Schillerausgabe in 12 Oktavbänden von 1835–37; großer Druck, in Halbpergamentband: antiquarisch, aber wie neu.
Vorigen Weihnachten waret Ihr alle da. Nun wurde es mir, als der Baum ausgebrannt war, doch etwas einsam und weh: Du und Hans wart – und bis jetzt noch – nicht einmal durch einen Brief vertreten. So ging ich denn noch einmal zu den Großeltern, wo sie in der Essstube den Weihnachten aufgeputzt hatten. Mama hatte für Großvater ein Kissen, für Großmutter ein Ohrkissen in Halbmondform, für Tine mühsam und schön ein weißes Tuch gestickt; ich hatte für Großmutter und Tine je das Hausbuch[61] geliefert. Für Aemils[62] stand da der allerliebste Bücherschrank mit Hausbuch und Carstens'schen Bildern[63] von mir u. den fünf saubern Bänden Freytag'scher „Bilder aus der Deutschen Geschichte"[64] von Eckermann's in Heide[65]. Ich konnte leider die Ankunft der Doktorsleute nicht erwarten, aber sie haben große Freude daran. Lotte[66] hatte für Aemil auch noch „Strom- u Franzosentid" von Reuter[67]. So ist der neue Schrank denn gleich hübsch in Funktion.
Unser Weihnachtsbaum steht noch. Gestern hatten wir Tönnies[68] mit Ferd. u. Wilhelm Reventlow[69] bei uns: da steckten wir ihn nach Tisch wieder an und es wurde allen ganz behaglich in der Weihnachtsstube, sie besahen auch die schönen (41 darunter 12 neue auch von Knaus u Menzel) Bilder an den Wänden und Reventlow fing mit dem Kugelspiel an zu spielen. Nachher tranken wir Punsch bis 12 1/2 Uhr und Karl meinte, es sei riesig gemütlich gewesen.

An Ernst Storm, Husum, 26.–30.12.1871:

Mein liebes Kind!
[…] Der Weihnachtabend ging sehr nett vorüber, die Kinder waren so froh, wie fast noch nie. In der großen Stube unterm Spiegel stand der Baum, selten schön: Großmutter war da (Tine unpässlich); der alte Simon[70], Johannes Deethmann[71] (mit einer Sendung von Hans[72] an Lisbeth[73]) kamen: 3 Pakete kamen auch und wurden am

brennenden Baum ausgepackt, eine große Puppe von Tante Friedlieb[74] an Lute[75] mit seidnem Haar, ein Kästchen von Tante Agnes[76] mit allerlei Niedlichkeiten für alle Kinder u. 2 Marzipan-Schweinsköpfen für uns: von Frl. Hornung[77], an die ich glücklicherweise am 22. Dezember einen langen Brief geschrieben, eine sehr gut gepackte Kiste mit dem allerliebsten Tübinger Gschirrle[78], Lebkuchen etc. vom alten Herr[79] ein Buch mit Kinderreimen. Hoburgs[80] halfen auch mit; nachher gingen Mama, Lisbeth u. ich ein Stündchen zu ihnen, während die Kinder mit ihren Herrlichkeiten spielten, und sahen ihre reiche Bescherung von zu Haus und naschten von all dem Zuckerzeug und Kuchen. Dann aßen wir mit allen Kindern (Beefsteak) wobei sie unendlich fidel waren und auf die Gesundheit der drei Brüder tranken, Dodo wurde zuletzt so wild, dass sie beim zu Bett gehen förmlich eingefangen werden musste: auch war die Nacht just keine wohlschlafende; Ebbe kam bis 1 Uhr verschiedentlich in kleinen Geschichten an mein Bett gewankt. Mama schenkte mir: Pelzkragen (umzuknüpfen), Papierschere und Falzbein, Mosens Werke[81].
Eben musste ich nach der Küche: da ist Ball u. Gesang; die drei Kleinen tanzen mit ihren Puppen: das ist wahrhaft herzerquickend zu sehen. [...]

Dein Vater
ThStorm

Puppenwiege für Dodo (Friederike) Storm 1877

An Paul Heyse[82], *Husum, 20.12.1876:*

– Es ist nach 10 Uhr Abends. Draußen heult der Oststurm u. stöbert der Schnee; Mama u. die Kinder sind zu Bett; in meinem behaglichen Zimmer mit der geschnitzten Decke, das ich vor 9 Jahren mir selbst gedichtet[83], sitzt meine Älteste, Lisbeth, meine treffliche geliebte Tochter, ihres Bruders Ernst Liebling, mir gegenüber und legt die letzte Hand an ein Weihnachts-Spitzen-Kunstwerk für unsere Mama; Sonnabend Abend, wenn wir beim Vergolden, Netzeschneiden und Baumaufputzen sind, kommt dann der Referendar Ernst[84] aus Kiel, selbst ein leidenschaftlicher Weihnachtsmann. Alle Stuben stecken voll Geheimnis, oben und unten stößt man mit der Nase auf verschlossne Türen. Passt es nicht zu dieser Weihnachtsstimmung, dass ich dieser Tage aus meinen Büchern zum Nachmittagslesen einen Band Fouqué herausgriff? „Waldemar der Pilger, ein Trauerspiel in 5 Aufzügen."[85] Eine wunderbar kindliche Welt; aber alles voll anheimelnder Stimmung; eine Luft, ein goldner Abendschein, wie es einst in einer weit hinter uns liegenden Gegend um uns war, wo wir uns einst als Kinder still und glücklich fühlten. Lies nur im 2. Aufzug von „Eginhard u. Emma" die paar Worte, wo der Kaiser nachts am Fenster steht. Das ist es, was ich meine.

An Wilhelm Petersen[86], *Husum, 23.12.1877:*

Beigehend, liebster Freund, 2 Weihnachtsgoldkinder[87]. Somit sind 8 versandt, Jensen bekommt auch eins auf seiner Kiste mit braunen Kuchen[88] (siehe die Novelle: Abseits). Schade, dass man Heyse's Adresse nicht weiß[89]. Ernst hat alle Akten bei Seite gelegt und ist emsig dabei, den „Märchenzweig"[90] neu zu vergolden; eine Anzahl Erlen-Träubchen hat er gestern zusammengeraubt und vergoldet. Von Hans[91] wöchentlich heitere eingehende Briefe; er ist schon 2 Mal in dem Fall gewesen, als Geburtshelfer in bedenklicher Lage Geistesgegenwart u. Geschick zeigen zu müssen; das eine Mal legte er sein Verfahren genau dar. Er selbst hält dies für seine Force u.

Christbaumengel, Papiermaschee mit Wachsüberzug, Flügel aus gesponnenem Glas, letztes Drittel 19. Jh.

mein Bruder Doktor belobte es als durchaus verständig. Jeder Brief berichtet von Operationen und Landtouren etc. Alles scheint zu glücken; er scheint recht mitten drin zu sein.
Vorig Mal zu Weihnachten schwieg das Elternhaus ihm ganz, und die Weihnachtskerzen brannten mir deshalb recht düster. Jetzt haben wir in Freude und Hoffnung eine stattliche Kiste für ihn gepackt und abgesandt. Es gibt wieder frohe Weihnacht für mich.
Möge es auch Ihnen und Ihrer lieben trefflichen Frau und den beiden Gören also geschehen! Wir grüßen Sie alle herzlich!
[...]
NB. Sie haben dies Jahr doch wohl auch einen Märchenzweig und wissen dass er von einer Lärchentanne sein muss.

An Erich Schmidt[92], Husum, 29.12.1877:

Ein Weihnachten bei uns ist immer wie ein großer Bazar, obgleich von den 8 Kindern jetzt 3 auswärts waren. Lisbeth[93] schrieb neulich erfreut über die 5 Empfehlungsbriefe, die Frau Lina[94] ihr geschickt; sie wollte sie nach Neujahr benutzen. Auch von Hans gute Nachricht im Übrigen, nur dass er von seinem Asthma dort so zu leiden hat. Er hat Glück, auch in seinen Kuren, gehabt; eine Dame aus dortiger Gegend hat sich neulich gegen eine hiesige sehr rühmend über den jungen Doktor ausgesprochen; er wisse die Armen u. Kranken so freundlich zu trösten. So war denn gute Weihnachten; dazu erhielt ich einen neuen Fußteppich für mein Zimmer, die Stiche: „Egmont vor seiner Hinrichtung“ v. Gallait und „Die heilige Familie“ v. Overbek[95], beide eingerahmt, und die Chodowieckischen Bilder zum Gil Blas[96] von meiner Frau; sie war im letzten Quartal aber auch sehr für richtiges Haushaltungsgeld! Denken Sie sich liebes Frl. Wally[97], wenn Sie erst dergleichen für Ihren Erich so sacht bei Seite bergen! Und wirklich, ich hab es an Suppen und Braten gar nicht merken können. Hätten Sie aber diesmal nur die entzückenden Wachspuppen für Dodo u. Dette[98] sehen können! 2 aus Stuttgart von Lisbeth besorgt u. angezogen, eine – die besichtigenden Frauen schrien fast vor Entzücken – von meinem Verehrer dem Zimmermeister und Stadtverordneten Albert Nieß aus Braunschweig[99]; – und dann, die Krone, 2 hölzerne Wiegen, worin zur Not ein Saugkalb hätte geschaukelt werden können, von einem Dorftischler in Jütland gefertigt, „to Vugger“[100], und von dem trefflichen Maler Thomsen[101] hier holzfarben mit Rosenbouquets lackiert, und darüber auf der einen „Dette“, auf der ändern „Dodo“ u. darunter „1877“! Und dann im dunkeln Grün des Tannenbaums den berühmten „Märchenzweig“, der die unbestreitbare Erfindung meines Hauses, nämlich des Referendars Ernst ist. (Die Erfindung: man gehe an einem schönen Dezembertage ins Freie und suche sich einen Lärchentannenzweig, der wohl mit feinen Knötchen und etlichen Zapfen besetzt ist,

Märchenzweig, ein vergoldeter Lärchenzweig, und Tannenzapfen mit gläsernem Vogel im Licht der Kerzen

Die
Heilige
Familie.
Kupferstich nach
Johann Fr.
Overbeck

kaufe sich ein Buch Schaumgold, setze sich mit guten Weihnachtsgedanken und entsprechender Zeit und Geduld dazu und vergülde ihn überall und in allen seinen Ausläufen, und stecke ihn dann, wie angemerket, in das dichte Tannengrün des Baumes, und man wird geheimnisvolle Märchenstimmung fühlen.)

An Wilhelm Petersen, Husum, 20.12.1878:

Der „neue Tannenbaumschmuck"[102] hat die größte Sensation gemacht; wir hatten damit, wie mit fliegenden Sommer den ganzen Baum durch u. übersponnen, sodass er mit tausend Funken blitzte; Knittergold erwies sich als zu grob dabei, dagegen kamen die Schaumgold Tannenzapfen und der „Märchenzweig" unter dem Gewebe ganz besonders zur Geltung. –

An Wilhelm Petersen, Hademarschen[103], 21.12.1880:

Dank auch für die Goldfäden, die mir neu; silberne kauften wir in Heide, wo wir neulich unsere Weihnacht besorgten.

An Wilhelm Petersen, Hademarschen, 31.12.1880:

Zunächst nur Dank für alle schönen Gaben; das goldene La Metta überspann den oberen Wipfel des Baumes, silbernes den unteren Teil; [...].

An Gottfried Keller, Hademarschen, 22.12.1882:

Da bin ich, lieber Freund[104], um Ihnen, so gut es durch so viel Ferne geschehen kann, zu dem mir ewig jungen Kindheitsfeste die Hand zu schütteln. Unten spielt meine Jüngste allerlei süße Melodien, und im ganzen Hause weihnachtet es sehr. Zwei Tage lang nichts als Kisten gepackt und Pakete gemacht u. Weihnachtsbriefe an Alt und Jung in alle Welt gesendet; ich habe diesmal nur meine zwei Jüngsten, die Gertrud und Dodo, zu Haus und morgen kommt aus Varel noch mein Musikus, d. h. Musiklehrer. Aber die breitästige, 12 Fuß hohe Tanne steht schon im großen Zimmer, an den letzten Abenden ist fleißige Hausarbeit gehalten: der goldne Märchenzweig, dito die Traubenbüschel des Erlensamens und große Fichtenzapfen, an denen diesmal lebensgroße Kreuzschnäbel von Papier-Maché sich anklammern werden, während zwei desgleichen Rotkehlchen neben ihrem Nest mit Eiern im Tannengrün sitzen, feine weiße Netze, deren Inhalt sorgsam in Gold- u. andere nach Lichtfarben gewählte Papiere gewickelt ist. Alles liegt parat, und morgen helfe ich den Baum schmücken. Wenn dann aber am Weihnachtsabend die Lichter brennen und die Kinder ihr Weihnachtslied anstimmen, dann überfällt's mich doch: Wo sind sie alle, die sich einst mit mir gefreut? – Antwort: wo auch ich bald sein werde. – Und das Geschick deiner Lieben? – Ein ewiges Dunkel für dich.

Lieber Freund, ich werde sentimental, und das schickt sich eigentlich nicht für alte Leute. Also will ich Ihnen lieber erzählen, dass ich mir C. F. Meyers[105] Gedichte und um ihn nach Gebühr zu ehren, auch seinen Jürg Jenatsch zu Weihnacht geschenkt habe. Letzteren habe ich noch nicht, in Ersterem aber schon manches und mit rechter Freude gelesen, auch wiederholt schon vorgelesen, wozu sich die Sachen, wie Sie schon schrieben, teilweise besonders eignen. So von dem wenigen, was ich noch gelesen, „Das Münster", „Der Hengert", „Erntegewitter"; es wird sich noch manches finden. Wenn Sie aber früher meinten, der Band werde eins der formell schönsten Liederbücher werden, so werden Sie jetzt, wo es vorliegt, wohl anders denken: Ein Lyriker ist er nicht; dazu fehlt ihm der unmittelbare, mit sich fortreißende Ausdruck der Empfindung, oder auch wohl die unmittelbare Empfindung selbst. Sie muss bei ihm erst den Weg durch den Stoff nehmen, dann tritt sie oft überraschend zu Tage, so in dem Gedichte „Die gezeichnete Stirn", auch trefflich zum Vorlesen. Mich freut der Besitz dieses Buches, man hat doch einmal wieder etwas in der Hand, was bei einer Gedichtsammlung lange nicht der Fall gewesen ist. Sorgen Sie

Schaumgold oder Schlagmetall: „Ein Buch Metall darin 360 Blatt“, Originalverpackung um 1850

nur, dass die Ihre wenigstens im nächsten Jahre kommt; ich bin um so neuer dazu, weil ich die beiden Bände v. 1846 und 54 besitze. Doch genug für heute. Die Meinen grüßen Sie mit mir. Möge auch über Sie die Märchenstille dieses Festes kommen, einerlei ob von dem Kinde in der Krippe oder von unsern alten schönen Götterfrauen, die in den Zwölften Umzug halten.[106] Vor allen Dingen auch möge Ihr treu Geschwister sich mit Ihnen in gefestigter Gesundheit der Festesruhe freuen!

Ich grüße Sie herzlich.

Ihr ThStorm.

An Wilhelm Petersen, Hademarschen, 23.12.1887:

Nur einen Weihnachtsgruß, lieber Freund; unser fein und reich geputzter Baum mit neuem Märchenzweig steht diesmal wieder unten in der großen Stube, heut Abend kommt mein Karl, und ich will wieder frohe Weihnacht feiern. Der arme Heyse, der so allein mit seiner Frau sitzt, während alle Kinder, der Sohn bei der Braut, bei sich zu Haus bleiben. Deine Zuckerpuppen waren wunderschön konserviert und hängen in Gruppe am Baum. Deine neue Sendung hat unter den Frauen m der Küche viel Gelächter erregt. Ich durfte nichts sehen. Also – frohe Weihnacht Euch allen!

An Ernst Storm, Hademarschen, 24.12.1887:

Mein lieber Ernst!
[...] Unser Baum ist eine wahre Pracht; kannst du nicht ersten oder zweiten Festtag zu uns herüberrutschen?

Gedichte

Weihnachtsgruß

von Dem Spielmann aus der Weiten
an Das Mädchen groß und schlank,
Das er durch die Macht der Saiten
Rückwärts in die Kindheit sang.

In die leichten Kinderschuhe
Tritt noch einmal mir behend!
Folg mir durch des Abends Ruhe,
Wo der dunkle Taxus brennt.

Engel knien an der Schwelle
Hütend bei dem frommen Schein;
Von den Lippen klingt es helle:
„Nur die Kindlein gehen ein!"

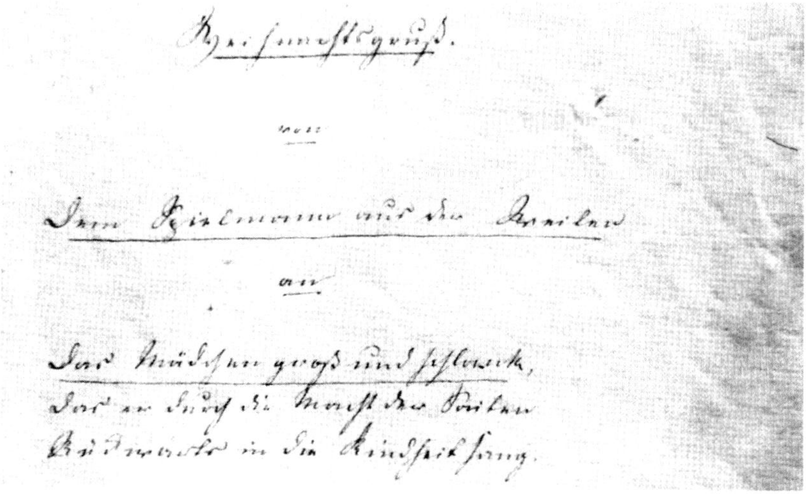

Weihnachtsgruß.

von

Dem Spielmann aus der Weiten

an

Das Mädchen groß und schlank,
Das er durch die Macht der Saiten
Rückwärts in die Kindheit sang.

Widmung an
Bertha von Buchan
zum Gedicht
„Weihnachtsgruß"

Ei, was stehst du! – Komm geschwinde,
Eh' der goldne Schein verlischt!
Reichlich hab ich meinem Kinde
Die Bescherung aufgetischt.

Sprich mir, aus der bunten Gruppe,
Was du nun zumeist begehrst! –
Dacht' ich's immer! – Nach der Puppe
Greifst du doch zu allererst!

Auch ein Wieglein ist zugegen;
Deck' und Kissen seidenweich!
Prob's nur, sie hineinzulegen!
Schlafen muss das Püppchen gleich.

Sing ein bisschen: „Schlafe, schlafe!
Sternlein blinken in der Höh,
An der Krippe ruhn die Schafe,
Fischlein schläft im tiefen See." –

So, nun schläft das liebe Dinglein!
Lass sie – Ei, so schau doch nur!
Golden schier das saubre Ringlein,
Und die helle Perlenschnur!

Perlen, weißt du? das sind Tränen,
Die im Meer die Muschel weint,
Wenn sie aufwärts blickt mit Sehnen
Nach dem Tag, der oben scheint.

Freu dich, Kindchen, des Geschmeides,
Die du lachst und lebst im Licht –
Tränen aus der Nacht des Leides
Kenne nie dein süß' Gesicht! –

Doch das Büchlein musst du schauen,
Bilderchen und fromme Lehr',
Und voll heimlich süßem Grauen
Alte wunderbare Mär!

Von Schneewittchen bei den Zwergen,
Wo sie lebte unerkannt;
Und war hinter ihren Bergen
Doch die Schönst' im ganzen Land.

Von Hans Bärlein, der im Streite
Einen Riesenritter schlug,
Der die Königstochter freite,
Endlich gar die Krone trug.

Von dem Spielmann aus der Weiten
Der ein Mädchen, groß und schlank
Durch die Zauberkraft der Reime
Rückwärts in die Kindheit sang.

Lass dir alles wohl beschreiben –
Doch du träumst und hörst mich nicht!
Zitternd auf den Fensterscheiben
Spielt das blaue Mondenlicht.

Ist doch über all den Märchen
Ausgebrannt die helle Pracht! –
Sandmann kam ins Augenpärchen;
Müde bist du – Gute Nacht!

Setz vor's Bett die schönen Sachen,
Nimm dein Püppchen mit hinein!
Morgen, wenn du wirst erwachen,
Soll noch alles bei dir sein.

Weihnachtsabend

An die hellen Fenster kommt er gegangen
Und schaut in des Zimmers Raum;
Die Kinder alle tanzten und sangen
Um den brennenden Weihnachtsbaum.

Da pocht ihm das Herz, dass es will zerspringen;
„Oh“, ruft er, „lasst mich hinein!
Was Frommes, was Fröhliches will ich euch singen
Zu dem hellen Kerzenschein.“

Und die Kinder kommen, die Kinder ziehen
Zur Schwelle den nächtlichen Gast;
Still grüßen die Alten, die Jungen umknien
Ihn scheu in geschäftiger Hast.

Und er singt: „Weit glänzen da draußen die Lande
Und locken den Knaben hinaus;
Mit klopfender Brust, im Reisegewande
Verlässt er das Vaterhaus.

Da trägt ihn des Lebens breitere Welle –
Wie war so weit die Welt!
Und es findet sich mancher gute Geselle,
Der's treulich mit ihm hält.

Tief bräunt ihm die Sonne die Blüte der Wangen,
Und der Bart umsprosset das Kinn;
Den Knaben, der blond in die Welt gegangen,
Wohl nimmer erkennet ihr ihn.

Aus goldenen und aus blauen Reben
Es mundet ihm jeder Wein;
Und dreister greift er in das Leben
Und in die Saiten ein.

Und für manche Dirne mit schwarzen Locken
Im Herzen findet er Raum; –
Da klingen durch das Land die Glocken,
Ihm war's wie ein alter Traum.

Wohin er kam, die Kinder sangen,
Die Kinder weit und breit;
Die Kerzen brannten, die Stimmlein klangen,
Das war die Weihnachtszeit.

Da fühlte er, dass er ein Mann geworden;
Hier gehörte er nicht dazu.
Hinter den blauen Bergen im Norden
Ließ ihm die Heimat nicht Ruh'.

An die hellen Fenster kam er gegangen
Und schaut' in des Zimmers Raum;
Die Schwestern und Brüder tanzten und sangen
Um den brennenden Weihnachtsbaum. –

Da war es, als würden lebendig die Lieder
Und nahe, der eben noch fern;
Sie blicken ihn an und blicken wieder;
Schon haben ihn alle so gern.

Nicht länger kann er das Herz bezwingen,
Er breitet die Arme aus:
„Oh, schließet mich ein in das Preisen und Singen,
Ich bin ja der Sohn vom Haus!"

Bescherung: Kolorierte Federlithografie. Aus: Bilderschatz aus dem Kinder- und Familienleben. Eßlingen 1844

Weihnachtslied

Vom Himmel in die tiefsten Klüfte
Ein milder Stern herniederlacht;
Vom Tannenwalde steigen Düfte
Und hauchen durch die Winterlüfte,
Und kerzenhelle wird die Nacht.

Mir ist das Herz so froh erschrocken,
Das ist die liebe Weihnachtszeit!
Ich höre fernher Kirchenglocken
Mich lieblich heimatlich verlocken
In märchenstille Herrlichkeit.

Ein frommer Zauber hält mich wieder,
Anbetend, staunend muss ich stehn;
Es sinkt auf meine Augenlider
Ein goldner Kindertraum hernieder,
Ich fühl's, ein Wunder ist geschehn.

Weihnachtsgruß an Constanze

Setz vor's Bett die hübschen Sachen,
Falt die Hände, schlummre ein;
Morgen wenn du wirst erwachen,
Soll noch alles bei dir sein!

Constanze Storm
mit Tochter Lisbeth
(geb. 1855),
Fotografie um 1862

Weihnachtsabend 1852

Die fremde Stadt durchschritt ich sorgenvoll,
Der Kinder denkend, die ich ließ zu Haus.
Weihnachten war's; durch alle Gassen scholl
Der Kinderjubel und des Markts Gebraus.

Und wie der Menschenstrom mich fortgespült,
Drang mir ein heiser Stimmlein in das Ohr:
„Kauft, lieber Herr!" Ein magres Händchen hielt
Feilbietend mir ein ärmlich Spielzeug vor.

Ich schrak empor, und beim Laternenschein
Sah ich ein bleiches Kinderangesicht;
Wes Alters und Geschlechts es mochte sein,
Erkannt ich im Vorübertreiben nicht.

Nur von dem Treppenstein, darauf es saß,
Noch immer hört' ich, mühsam, wie es schien:
„Kauft, lieber Herr!" den Ruf ohn' Unterlass;
Doch hat wohl keiner ihm Gehör verliehn.

Und ich? – War's Ungeschick, war es die Scham,
Am Weg zu handeln mit dem Bettelkind?
Eh meine Hand zu meiner Börse kam,
Verscholl das Stimmlein hinter mir im Wind.

Doch als ich endlich war mit mir allein,
Erfasste mich die Angst im Herzen so,
Als säß mein eigen Kind auf jenem Stein
Und schrie nach Brot, indessen ich entfloh.

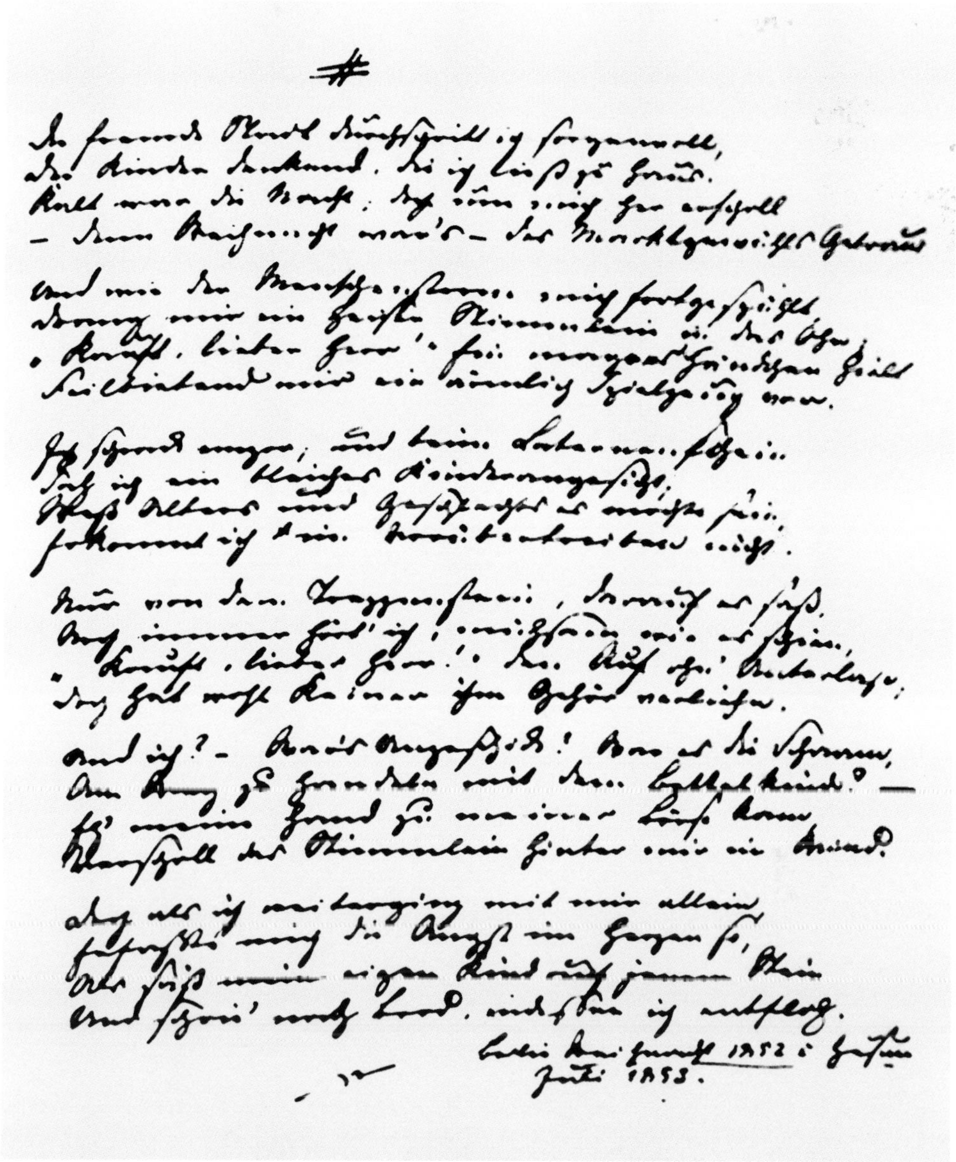

„Weihnachtsabend. 1852“. Gedichthandschrift von Theodor Storm

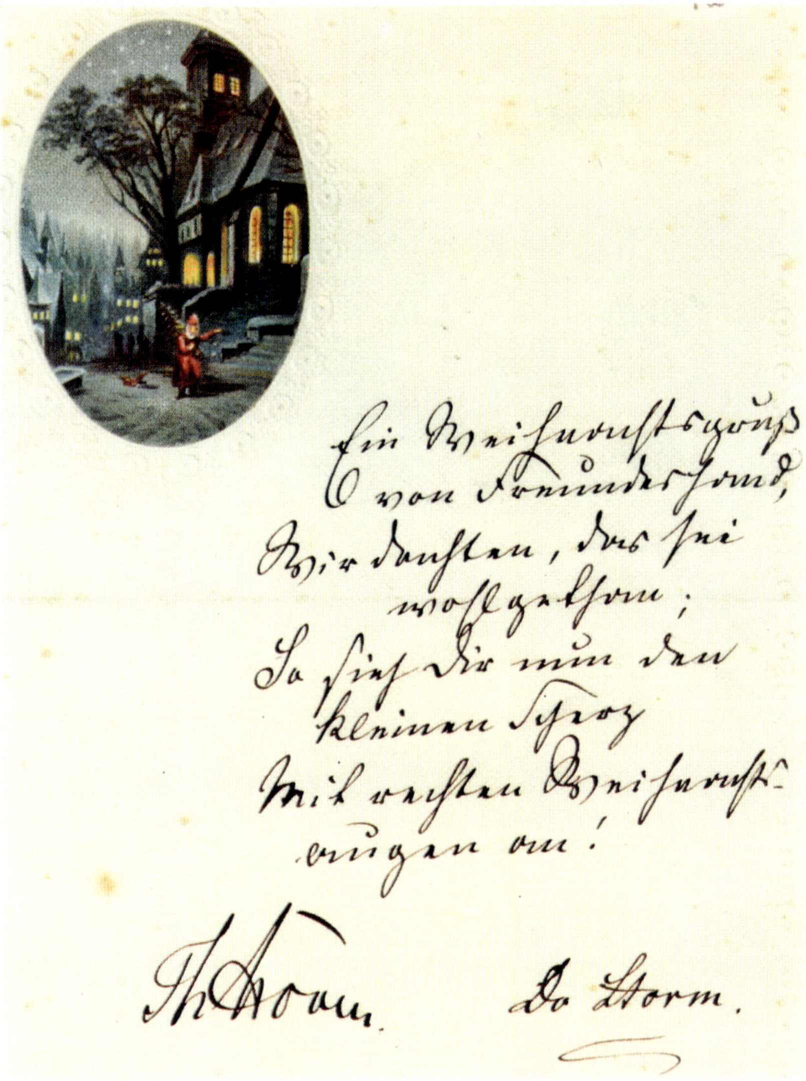
Ein Weihnachtsgruß
von Freundeshand,
Wir dachten, das sei
wohlgetan;
So sieh dir nun den
kleinen Scherz
Mit rechten Weihnachts-
augen an!

ThStorm. Do Storm.

Weihnachtsgruß Theodor Storms und seiner Frau Dorothea an Rudolf Fischer-Benzon, den Kieler Gymnasiallehrer und späteren Gründer der Schleswig-Holsteinischen Landesbibliothek, Kiel. Storm-Nachlass, Schleswig-Holsteinische Landesbibliothek, Kiel

Ein Weihnachtsgruß von Freundeshand,
Wir dachten, das sei wohlgetan;
So sieh dir nun den kleinen Scherz
Mit rechten Weihnachtsaugen an!

Knecht Ruprecht

Habt guten Abend Alt u<nd>Jung,
Bin allen wohl bekannt genung.
Von drauß' vom Walde komm ich her;
Ich muss euch sagen, es weihnachtet sehr!
Allüberall auf den Tannenspitzen
Sah ich goldene Lichtlein sitzen;
Und droben aus dem Himmelstor
Sah mit großen Augen das Christkind hervor,
Und wie ich so strolcht' durch den dichten Tann,
Da rief's mich mit heller Stimme an:
„Knecht Ruprecht", rief es, „alter Gesell,
Hebe die Beine und spute dich schnell
Die Kerzen fangen zu brennen an,
Das Himmelstor ist aufgetan,
Alt' und Junge sollen nun
Von der Jagd des Lebens einmal ruhn;
Und morgen flieg ich hinab zur Erden;
Denn es soll wieder Weihnachten werden!
So geh denn rasch von Haus zu Haus,
Such mir die guten Kinder aus;
Damit ich ihrer mag gedenken,
Mit schönen Sachen sie mag beschenken."
Ich sprach: „O lieber Jesu Christ,
Meine Reise fast zu Ende ist;
Ich soll nur noch <nach>Heiligenstadt,
Wo's viele brave Kinder hat."
– „Hast denn das Säcklein auch bei dir?"
Ich sprach: „Das Säcklein, das ist hier;
Denn Apfel, Nuss und Mandelkern
Fressen fromme Kinder gern."
– „Hast denn die Rute auch bei dir?"
Ich sprach: „Die Rute, die ist hier;
Doch für die Kinder nur, die schlechten,
Die trifft sie auf den Teil, den rechten."

Christkindlein sprach: „So ist es recht;
So geh mit Gott, mein treuer Knecht!“
Von drauß’ vom Walde komm’ ich her;
Ich muss euch sagen, es weihnachtet sehr!
Nun sprecht, wie ich’s hierinnen find’!
Sind’s gute Kind’, sind’s böse Kind’?

Knecht Ruprecht. Federzeichnung von Franz Graf Pocci

Vater	Die Kinder sind wohl alle gut, Haben nur mitunter was trotzigen Mut.
Ruprecht	Ei, ei, für trotzgen Kindermut Ist meine lange Rute gut; Heißt es bei euch denn nicht mitunter: Nieder den Kopf und die Hosen herunter?
Vater	Wie einer sündigt, so wird er gestraft; Die Kinder sind schon alle brav.
Ruprecht	Stecken sie die Nas auch tüchtig ins Buch, Lesen und schreiben und rechnen genug?
Vater	Sie lernen mit ihrer kleinen Kraft. Wir hoffen zu Gott, dass es endlich schafft.
Ruprecht	Beten sie denn nach altem Brauch Im Bettchen ihr Abendsprüchlein auch?
Vater	Neulich hört ich im Kämmerlein Eine kleine Stimme sprechen allein, Und als ich an die Tür getreten, Für alle Lieben hört ich sie beten.
Ruprecht	So nehmet denn Christkindleins Gruß, Kuchen und Äpfel, Äpfel und Nuss; Probiert einmal von seinen Gaben, Morgen sollt ihr was Besseres haben. Dann kommt mit seinem Kerzenschein Christkindlein selbst zu euch herein. Heut hält es noch am Himmel Wacht. Nun schlafet sanft; habt gute Nacht.

Novellen

Marthe und ihre Uhr

Während der letzten Jahre meines Schulbesuchs wohnte ich in einem kleinen Bürgerhause der Stadt, worin aber von Vater, Mutter und vielen Geschwistern nur eine alternde unverheiratete Tochter zurückgeblieben war. Die Eltern und zwei Brüder waren gestorben, die Schwestern bis auf die jüngste, welche einen Arzt am selbigen Ort geheiratet hatte, ihren Männern in entfernte Gegenden gefolgt. So blieb denn Marthe allein in ihrem elterlichen Hause, worin sie sich durch das Vermieten des früheren Familienzimmers und mit Hülfe einer kleinen Rente spärlich durch's Leben brachte. Doch kümmerte es sie wenig, dass sie nur sonntags ihren Mittagstisch decken konnte; denn ihre Ansprüche an das äußere Leben waren fast keine; eine Folge der strengen und sparsamen Erziehung, welche der Vater sowohl aus Grundsatz als auch in Rücksicht seiner beschränkten bürgerlichen Verhältnisse allen seinen Kindern gegeben hatte. Wenn aber Marthen in ihrer Jugend nur die gewöhnliche Schulbildung zuteil geworden war, so hatte das Nachdenken ihrer späteren einsamen Stunden, vereinigt mit einem behänden Verstande und dem sittlichen Ernst ihres Charakters, sie doch zu der Zeit, in welcher ich sie kennenlernte, auf eine für Frauen, namentlich des Bürgerstandes, ungewöhnlich hohe Bildungsstufe gehoben. Freilich sprach sie nicht immer grammatisch richtig, obgleich sie viel und mit Aufmerksamkeit las, am liebsten geschichtlichen oder poetischen Inhalts; aber sie wusste sich dafür meistens über das Gelesene ein richtiges Urteil zu bilden, und, was so wenigen gelingt, selbstständig das Gute vom Schlechten zu unterscheiden. Mörikes „Maler Nolten“, welcher damals erschien, machte großen Eindruck auf sie, sodass sie ihn immer wieder las; erst das Ganze, dann diese oder jene Partie, wie sie ihr eben zusagte. Die Gestalten des Dichters wurden für sie selbstbestimmende lebende Wesen, deren Handlungen nicht mehr an die Notwendigkeit des dichterischen Organismus gebunden waren; und sie konnte stundenlang darüber nachsin-

nen, auf welche Weise das hereinbrechende Verhängnis von so vielen geliebten Menschen dennoch hätte abgewandt werden können. Die Langeweile drückte Marthen in ihrer Einsamkeit nicht, wohl aber zuweilen ein Gefühl der Zwecklosigkeit ihres Lebens nach außen hin; sie bedurfte jemandes, für den sie hätte arbeiten und sorgen können. Bei dem Mangel näher Befreundeter kam dieser löbliche Trieb ihren jeweiligen Mietern zugute, und auch ich habe manche Freundlichkeit und Aufmerksamkeit von ihrer Hand erfahren. An Blumen hatte sie eine große Freude, und es schien mir ein Zeichen ihres anspruchslosen und resignierten Sinnes, dass sie unter ihnen die weißen und von diesen wieder die einfachen am liebsten hatte. Es war immer ihr erster Festtag im Jahre, wenn ihr die Kinder der Schwester aus deren Garten die ersten Schneeglöckchen und Märzblumen brachten; dann wurde ein kleines Porzellankörbchen aus dem Schranke herabgenommen, und die Blumen zierten unter ihrer sorgsamen Pflege wochenlang die kleine Kammer.

Da Marthe seit dem Tode ihrer Eltern wenig Menschen um sich sah und namentlich die langen Winterabende fast immer allein zubrachte, so lieh die regsame und gestaltende Fantasie, welche ihr ganz besonders eigen war, den Dingen um sie her eine Art von Leben und Bewusstsein. Sie borgte Teilchen ihrer Seele aus an die alten Möbeln ihrer Kammer, und die alten Möbeln erhielten so die Fähigkeit, sich mit ihr zu unterhalten; meistens freilich war diese Unterhaltung eine stumme, aber sie war dafür desto inniger und ohne Missverständnis. Ihr Spinnrad, ihr braungeschnitzter Lehnstuhl waren gar sonderbare Dinge, die oft die eigentümlichsten Grillen hatten; vorzüglich war dies aber der Fall mit einer altmodischen Stutzuhr, welche ihr verstorbener Vater vor über fünfzig Jah-

Bescherung: Kolorierte Lithografie von D. Englert. Aus: Die Jahreszeiten. Bilderbuch zur belehrenden Unterhaltung für die Jugend. Eßlingen 1836

ren, auch damals schon als ein uraltes Stück, auf dem Trödelmarkt zu Amsterdam gekauft hatte. Das Ding sah freilich seltsam genug aus: zwei Meerweiber, aus Blech geschnitten und dann übermalt, lehnten zu jeder Seite ihr langhaariges Antlitz an das vergilbte Zifferblatt; die schuppigen Fischleiber, welche von einstiger Vergoldung zeugten, umschlossen dasselbe nach unten zu; die Weiser schienen dem Schwanze eines Skorpions nachgebildet zu sein. Vermutlich war das Räderwerk durch langen Gebrauch verschlissen; denn der Perpendikelschlag war hart und ungleich, und die Gewichte schossen zuweilen mehrere Zoll mit einem Mal hinunter. – Diese Uhr war die beredteste Gesellschaft ihrer Besitzerin; sie mischte sich aber auch in alle ihre Gedanken. Wenn Marthe in ein Hinbrüten über ihre Einsamkeit verfallen wollte, dann ging der Perpendikel tick, tack! tick, tack! immer härter, immer eindringlicher; er ließ ihr keine Ruh, er schlug immer mitten in ihre Gedanken hinein. Endlich musste sie aufsehen; – da schien die Sonne so warm in die Fensterscheiben, die Nelken auf dem Fensterbrett duf-

teten so süß; draußen schossen die Schwalben singend durch den Himmel. Sie musste wieder fröhlich sein, die Welt um sie her war gar zu freundlich.
Die Uhr hatte aber auch wirklich ihren eigenen Kopf; sie war alt geworden und kehrte sich nicht mehr so gar viel an die neue Zeit; daher schlug sie sechs, wenn sie zwölf schlagen sollte, und ein ander Mal, um es wieder gutzumachen, wollte sie nicht aufhören zu schlagen, bis Marthe das Schlaglot von der Kette nahm. Das Wunderlichste war, dass sie zuweilen gar nicht dazu kommen konnte; dann schnurrte und schnurrte es zwischen den Rädern, aber der Hammer wollte nicht ausholen; und das geschah meistens mitten in der Nacht. Marthe wurde jedes Mal wach; und mochte es im klingendsten Winter und in der dunkelsten Nacht sein, sie stand auf und ruhte nicht, bis sie die alte Uhr aus ihren Nöten erlöst hatte. Dann ging sie wieder zu Bette und dachte sich allerlei, warum die Uhr sie wohl geweckt habe, und fragte sich, ob sie in ihrem Tagewerk auch etwas vergessen, ob sie es auch mit guten Gedanken beschlossen habe.
Nun war es Weihnachten. Den Christabend, da ein übermäßiger Schneefall mir den Weg zur Heimat versperrte, hatte ich in einer befreundeten, kinderreichen Familie zugebracht; der Tannenbaum hatte gebrannt, die Kinder waren jubelnd in die lang verschlossene Weihnachtsstube gestürzt; nachher hatten wir die unerlässlichen Karpfen gegessen und Bischof dazu getrunken; nichts von der herkömmlichen Feierlichkeit war versäumt worden. – Am andern Morgen trat ich zu Marthe in die Kammer, um ihr den gebräuchlichen Glückwunsch zum Feste abzustatten. Sie saß mit untergestütztem Arm am Tische; ihre Arbeit schien längst geruht zu haben.
„Und wie haben Sie denn gestern Ihren Weihnachtabend zugebracht?“, fragte ich.
Sie sah zu Boden und antwortete: „Zu Hause.“ „Zu Hause? Und nicht bei Ihren Schwesterkindern?“
„Ach“, sagte sie, „seit meine Mutter gestern vor zehn Jahren hier in diesem Bette starb, bin ich am Weihnachtabend nicht ausgegangen. Meine Schwester schickte gestern wohl zu mir, und als es dunkel

wurde, dachte ich wohl daran, einmal hinzugehen; aber – die alte Uhr war auch wieder so drollig; es war akkurat, als wenn sie immer sagte: Tu es nicht, tu es nicht! Was willst du da? Deine Weihnachtsfeier gehört ja nicht dahin!“

Und so blieb sie denn zu Haus in dem kleinen Zimmer, wo sie als Kind gespielt, wo sie später ihren Eltern die Augen zugedrückt hatte, und wo die alte Uhr pickte ganz wie dazumalen. Aber jetzt, nachdem sie ihren Willen bekommen und Marthe das schon hervorgezogene Festkleid wieder in den Schrank verschlossen hatte, pickte sie so leise, ganz leise und immer leiser, zuletzt unhörbar. – Marthe durfte sich ungestört der Erinnerung aller Weihnachtabende ihres Lebens überlassen: Ihr Vater saß wieder in dem braungeschnitzten Lehnstuhl; er trug das feine Sammetkäppchen und den schwarzen Sonntagsrock; auch blickten seine ernsten Augen heute so freundlich; denn es war Weihnachtabend, Weihnachtabend vor – ach vor sehr, sehr vielen Jahren! Ein Weihnachtbaum zwar brannte nicht auf dem Tisch – das war ja nur für reiche Leute –; aber stattdessen zwei hohe dicke Lichter; und davon wurde das kleine Zimmer so hell, dass die Kinder ordentlich die Hand vor die Augen halten mussten, als sie aus der dunkeln Vordiele hineintreten durften. Dann gingen sie an den Tisch, aber nach der Weise des Hauses ohne Hast und laute Freudenäußerung, und betrachteten, was ihnen das Christkind einbeschert hatte. Das waren nun freilich keine teuern Spielsachen, auch nicht einmal wohlfeile; sondern lauter nützliche und notwendige Dinge, ein Kleid, ein Paar Schuhe, eine Rechentafel, ein Gesangbuch und dergleichen mehr; aber die Kinder waren gleichwohl glücklich mit ihrer Rechentafel und ihrem neuen Gesangbuch, und sie gingen eins ums andere dem Vater die Hand zu küssen, der währenddessen zufrieden lächelnd in seinem Lehnstuhl geblieben war. Die Mutter mit ihrem milden freundlichen Gesicht unter dem eng anliegenden Scheiteltuch band ihnen die neue Schürze vor und malte ihnen Zahlen und Buchstaben zum Nachschreiben auf die neue Tafel. Doch sie hatte nicht gar lange Zeit, sie musste in die Küche und Apfelkuchen backen; denn das war für die Kinder eine Hauptbescherung am Weihnachtabend; die mussten notwendig gebacken werden. Da schlug der Vater das

Eier für den Tannenbaum: Zwei Glaseier, verziert mit Oblaten und Dresdner Pappe. In der Mitte ein echtes Hühnerei, verziert mit Oblaten und Leonischen Drähten. Um 1850

neue Gesangbuch auf und stimmte mit seiner klaren Stimme an: Frohlockt, lobsinget Gott; die Kinder aber, die alle Melodien kannten, stimmten ein: Der Heiland ist gekommen; und so sangen sie den Gesang zu Ende, indem sie alle um des Vaters Lehnstuhl herumstanden. Nur in den Pausen hörte man in der Küche das Hantieren der Mutter und das Prasseln der Apfelkuchen.

Tick, tack! ging es wieder; tick, tack! immer härter und eindringlicher. Marthe fuhr empor; da war es fast dunkel um sie her, draußen auf dem Schnee nur lag trüber Mondschein. Außer dem Pendelschlag der Uhr war es totenstill im Hause. Keine Kinder sangen in der kleinen Stube, kein Feuer prasselte in der Küche. Sie war ja ganz allein zurückgeblieben; die andern waren alle, alle fort. – Aber was wollte die alte Uhr denn wieder? – Ja, da warnte es auf Elf und ein anderer Weihnachtabend tauchte in Marthens Erinnerung auf, ach! ein ganz anderer – viele, viele Jahre später. Der Vater und die Brüder waren tot, die Schwestern verheiratet; die Mutter, welche nun mit Marthen allein geblieben war, hatte schon längst des Vaters Platz im braunen Lehnstuhl eingenommen und ihrer Tochter die kleinen Wirtschaftssorgen übertragen; denn sie kränkelte seit des Vaters Tode, ihr mildes Antlitz wurde immer blasser, und ihre freundlichen Augen blickten immer matter; endlich musste sie auch den Tag über im Bette bleiben. Das war schon über drei Wochen, und nun war es Weihnachtabend. Marthe saß an ihrem Bett und horchte auf den Atem der Schlummernden; es war totenstill in der Kammer, nur die Uhr pickte. Da warnte es auf Elf, die Mutter schlug die Augen auf und verlangte zu trinken. „Marthe“, sagte sie, „wenn es erst Frühling wird, und ich wieder zu Kräften gekommen bin, dann wollen wir deine Schwester Hanne besuchen; ich habe ihre Kinder eben im Traume gesehen; – du hast hier gar zu wenig Vergnügen.“ – Die Mutter hatte ganz vergessen, dass Schwester Hannes Kinder im Spätherbst gestorben waren; Marthe erinnerte sie auch nicht daran, sie nickte schweigend mit dem Kopf und fasste ihre abgefallnen Hände. Die Uhr schlug elf.

Auch jetzt schlug sie elf, aber leise, wie aus weiter, weiter Ferne. Da hörte Marthe einen tiefen Atemzug; sie dachte, die Mutter wolle wieder schlafen. So blieb sie sitzen, lautlos, regungslos, die Hand der Mutter noch immer in der ihren; am Ende verfiel sie in einen schlummerähnlichen Zustand. Es mochte so eine Stunde vergangen sein; da schlug die Uhr zwölf! – Das Licht war ausgebrannt, der Mond schien hell ins Fenster; aus den Kissen sah das bleiche Gesicht der Mutter. Marthe hielt eine kalte Hand in der ihrigen. Sie ließ diese kalte Hand nicht los, sie saß die ganze Nacht bei der toten Mutter.

So saß sie jetzt bei ihren Erinnerungen in derselben Kammer, und die alte Uhr pickte bald laut, bald leise; sie wusste von allem, sie hatte alles miterlebt, sie erinnerte Marthe an alles, an ihre Leiden, an ihre kleinen Freuden.

Ob es noch so gesellig in Marthens einsamer Kammer ist? Ich weiß es nicht; es sind viele Jahre her, seit ich in ihrem Hause wohnte, und jene kleine Stadt liegt weit von meiner Heimat. – Was Menschen, die das Leben lieben, nicht auszusprechen wagen, pflegte sie laut und ohne Scheu zu äußern: „Ich bin niemals krank gewesen; ich werde gewiss sehr alt werden.“ – Ist ihr Glaube ein richtiger gewesen, und sollten diese Blätter den Weg in ihre Kammer finden, so möge sie sich beim Lesen auch meiner erinnern. Die alte Uhr wird helfen; sie weiß ja von allem Bescheid.

Da stand das Kind am Wege

(aus „Immensee“)

Weihnachtabend kam heran. – Es war noch nachmittags, als Reinhardt mit andern Studenten im Ratskeller am alten Eichentisch zusammensaß. Die Lampen an den Wänden waren angezündet, denn hier unten dämmerte es schon; aber die Gäste waren sparsam versammelt, die Kellner lehnten müßig an den Mauerpfeilern. In einem Winkel des Gewölbes saßen ein Geigenspieler und ein Zithermädchen mit feinen zigeunerhaften Zügen; sie hatten ihre Instrumente auf dem Schoße liegen und schienen teilnahmlos vor sich hinzusehen.
Am Studententische knallte ein Champagnerpfropfen. „Trinke, mein böhmisch Liebchen!“, rief ein junger Mann von junkerhaftem Äußern, indem er ein volles Glas zu dem Mädchen hinüberreichte.
„Ich mag nicht“, sagte sie, ohne ihre Stellung zu verändern.
„So singe!“, rief der Junker und warf ihr eine Silbermünze in den Schoß. Das Mädchen strich sich langsam mit den Fingern durch ihr schwarzes Haar, während der Geigenspieler ihr ins Ohr flüsterte; aber sie warf den Kopf zurück und stützte das Kinn auf ihre Zither. „Für den spiel ich nicht“, sagte sie.
Reinhardt sprang mit dem Glase in der Hand auf und stellte sich vor sie. „Was willst du?“, fragte sie trotzig.
„Deine Augen sehn.“ „Was gehn dich meine Augen an?“
Reinhardt sah funkelnd auf sie nieder. „Ich weiß wohl, sie sind falsch!“ – Sie legte ihre Wange in die flache Hand und sah ihn lauernd an. Reinhardt hob sein Glas an den Mund. „Auf deine schönen, sündhaften Augen!“, sagte er, und trank. Sie lachte und warf den Kopf herum. „Gib!“, sagte sie, und indem sie ihre schwarzen Augen in die seinen heftete, trank sie langsam den Rest. Dann griff sie einen Dreiklang und sang mit tiefer, leidenschaftlicher Stimme:

„Heute, nur heute
Bin ich so schön;
Morgen, ach morgen
Muss alles vergehn!

Nur diese Stunde
Bist du noch mein;
Sterben, ach sterben
Soll ich allein.“

Ein denkwürdiges Weihnachten. Illustration von J. B. Sonderland.
Aus: Die Kinderlaube. Dresden

Während der Geigenspieler in raschem Tempo das Nachspiel einsetzte, gesellte sich ein neuer Ankömmling zu der Gruppe.
„Ich wollte dich abholen, Reinhardt“, sagte er. „Du warst schon fort; aber das Christkind war bei dir eingekehrt.“
„Das Christkind?“, sagte Reinhardt, „das kommt nicht mehr zu mir.“
„Ei was! Dein ganzes Zimmer roch nach Tannenbaum und braunen Kuchen.“
Reinhardt setzte das Glas aus der Hand und griff nach seiner Mütze.
„Was willst du?“, fragte das Mädchen.
„Ich komme schon wieder.“
Sie runzelte die Stirn. „Bleib!“, rief sie leise und sah ihn vertraulich an.
Reinhardt zögerte. „Ich kann nicht“, sagte er.
Sie stieß ihn lachend mit der Fußspitze. „Geh!“, sagte sie. „Du taugst nichts; ihr taugt alle miteinander nichts.“ Und während sie sich abwandte, stieg Reinhardt langsam die Kellertreppe hinauf.
Draußen auf der Straße war es tiefe Dämmerung; er fühlte die frische Winterluft an seiner heißen Stirn. Hie und da fiel der helle Schein eines brennenden Tannenbaums aus den Fenstern, dann und wann hörte man von drinnen das Geräusch von kleinen Pfeifen und Blechtrompeten und dazwischen jubelnde Kinderstimmen. Scharen von Bettelkindern gingen von Haus zu Haus oder stiegen auf die Treppengeländer und suchten durch die Fenster einen Blick in die versagte Herrlichkeit zu gewinnen. Mitunter wurde auch eine Tür plötzlich aufgerissen und scheltende Stimmen trieben einen ganzen Schwarm solcher kleinen Gäste aus dem hellen Hause auf die dunkle Gasse hinaus; anderswo wurde auf dem Hausflur ein altes Weihnachtslied gesungen; es waren klare Mädchenstimmen darunter. Reinhardt hörte sie nicht, er ging rasch an allem vorüber, aus einer Straße in die andere. Als er an seine Wohnung gekommen, war es fast völlig dunkel geworden; er stolperte die Treppe hinauf und trat in seine Stube. Ein süßer Duft schlug ihm entgegen; das heimelte ihn an, das roch wie zu Haus der Mutter Weihnachtsstube. Mit zitternder Hand zündete er sein Licht an; da lag ein mächtiges Paket auf dem Tisch, und als er es öffnete, fie-

len die wohlbekannten braunen Festkuchen heraus; auf einigen waren die Anfangsbuchstaben seines Namens in Zucker ausgestreut; das konnte niemand anders als Elisabeth getan haben. Dann kam ein Päckchen mit feiner gestickter Wäsche zum Vorschein, Tücher und Manschetten, zuletzt Briefe von der Mutter und von Elisabeth. Reinhardt öffnete zuerst den Letzteren; Elisabeth schrieb:

„Die schönen Zuckerbuchstaben können Dir wohl erzählen, wer bei den Kuchen mitgeholfen hat; dieselbe Person hat die Manschetten für Dich gestickt. Bei uns wird es nun Weihnachtabend sehr still werden; meine Mutter stellt immer schon um halb zehn ihr Spinnrad in die Ecke; es ist gar so einsam diesen Winter, wo Du nicht hier bist. Nun ist auch vorigen Sonntag der Hänfling gestorben, den Du mir geschenkt hattest; ich habe sehr geweint, aber ich hab ihn doch immer gut gewartet. Der sang sonst immer nachmittags, wenn die Sonne auf sein Bauer schien; Du weißt, die Mutter hing oft ein Tuch über, um ihn zu geschweigen, wenn er so recht aus Kräften sang. Da ist es nun noch stiller in der Kammer, nur dass Dein alter Freund Erich uns jetzt mitunter besucht. Du sagtest einmal, er sähe seinem braunen Überrock ähnlich. Daran muss ich nun immer denken, wenn er zur Tür hereinkommt, und ist gar zu komisch; sag es aber nicht zur Mutter, sie wird dann leicht verdrießlich. – Rat, was ich Deiner Mutter zu Weihnachten schenke! Du rätst es nicht? Mich selber! Der Erich zeichnet mich in schwarzer Kreide; ich habe ihm schon dreimal sitzen müssen, jedes Mal eine ganze Stunde. Es war mir recht zuwider, dass der fremde Mensch mein Gesicht so auswendig lernte. Ich wollte auch nicht, aber die Mutter redete mir zu; sie sagte: es würde der guten Frau Werner eine gar große Freude machen.

Aber Du hältst nicht Wort, Reinhardt. Du hast keine Märchen geschickt. Ich habe Dich oft bei Deiner Mutter verklagt; sie sagt dann immer, Du habest jetzt mehr zu tun als solche Kindereien. Ich glaub es aber nicht; es ist wohl anders."

Nun las Reinhardt auch den Brief seiner Mutter und als er beide Briefe gelesen und langsam wieder zusammengefaltet und weggelegt hatte, überfiel ihn unerbittliches Heimweh. Er ging eine Zeit lang in seinem Zimmer auf und nieder; er sprach leise und dann halb verständlich zu sich selbst:

Er wäre fast verirret
Und wusste nicht hinaus;
Da stand das Kind am Wege
Und winkte ihm nach Haus!

Dann trat er an sein Pult, nahm einiges Geld heraus und ging wieder auf die Straße hinab. – Hier war es mittlerweile stiller geworden; die Weihnachtsbäume waren ausgebrannt, die Umzüge der Kinder hatten aufgehört. Der Wind fegte durch die einsamen Straßen; Alte und Junge saßen in ihren Häusern familienweise zusammen; der zweite Abschnitt des Weihnachtsabends hatte begonnen. Als Reinhardt in die Nähe des Ratskellers kam, hörte er aus der Tiefe herauf Geigenstrich und den Gesang des Zithermädchens; nun klingelte unten die Kellertüre und eine dunkle Gestalt schwankte die breite, matt erleuchtete Treppe herauf. Reinhardt trat in den Häuserschatten und ging dann rasch vorüber. Nach einer Weile erreichte er den erleuchteten Laden eines Juweliers; und nachdem er hier ein kleines Kreuz von roten Korallen eingehandelt hatte, ging er auf demselben Wege, den er gekommen war, wieder zurück.

Nicht weit von seiner Wohnung bemerkte er ein kleines, in klägliche Lumpen gehülltes Mädchen an einer hohen Haustür stehen, in vergeblicher Bemuhung sie zu offnen. „Soll ich dir helfen?“, sagte er. Das Kind erwiderte nichts, ließ aber die schwere Türklinke fahren. Reinhardt hatte schon die Tür geöffnet. „Nein“, sagte er, „sie könnten dich hinausjagen; komm mit mir! Ich will dir Weihnachtskuchen geben.“ Dann machte er die Tür wieder zu und fasste das kleine Mädchen an der Hand, das stillschweigend mit ihm in seine Wohnung ging.

Er hatte das Licht beim Weggehen brennen lassen. „Hier hast du Kuchen“, sagte er und gab ihr die Hälfte seines ganzen Schatzes in ihre Schürze, nur keine mit den Zuckerbuchstaben. „Nun geh nach Hause und gib deiner Mutter auch davon.“ Das Kind sah mit einem scheuen Blick zu ihm hinauf; es schien solcher Freundlichkeit ungewohnt und nichts darauf erwidern zu können. Reinhardt machte die Tür auf und leuchtete ihr, und nun flog die Kleine wie ein Vogel mit ihren Kuchen die Treppe hinab und zum Hause hinaus.

Reinhardt schürte das Feuer in seinem Ofen an und stellte das bestaubte Tintenfass auf seinen Tisch; dann setzte er sich hin und schrieb, und schrieb die ganze Nacht Briefe an seine Mutter, an Elisabeth. Der Rest der Weihnachtskuchen lag unberührt neben ihm; aber die Manschetten von Elisabeth hatte er angeknüpft, was sich gar wunderlich zu seinem weißen Flausrock ausnahm. So saß er noch, als die Wintersonne auf die gefrorenen Fensterscheiben fiel und ihm gegenüber im Spiegel ein blasses, ernstes Antlitz zeigte.

Thüringer Spanschachtel gefüllt mit Christbaumschmuck: dickwandige Farbglaskugeln aus der Biedermeierzeit, um 1850

Unter dem Tannenbaum

Eine Dämmerstunde

Es war das Arbeitszimmer eines Beamten. Der Eigentümer, ein Mann in den Vierzigern, mit scharf ausgeprägten Gesichtszügen, aber milden, lichtblauen Augen unter dem schlichten, hellblonden Haar, saß an einem mit Büchern und Papieren bedeckten Schreibtisch; damit beschäftigt, einzelne Schriftstücke zu unterzeichnen, welche der danebenstehende alte Amtsbote ihm überreichte. Die Nachmittagssonne des Dezembers beleuchtete eben mit ihrem letzten Strahl das große, schwarze Tintenfass, in das er dann und wann die Feder tauchte. Endlich war alles unterschrieben.
„Haben Herr Amtsrichter sonst noch etwas?“, fragte der Bote, indem er die Papiere zusammenlegte.
„Nein, ich danke Ihnen.“
„So habe ich die Ehre, vergnügte Weihnachten zu wünschen.“
„Auch Ihnen, lieber Erdmann.“
Der Bote sprach einen der mitteldeutschen Dialekte; in dem Tone des Amtsrichters war etwas von der Härte jenes nördlichsten deutschen Volksstammes, der vor wenigen Jahren, und diesmal vergeblich, in einem seiner alten Kämpfe mit dem fremden Nachbarvolke geblutet hatte. Als sein Untergebener sich entfernte, nahm er unter den Papieren einen angefangenen Brief hervor und schrieb langsam daran weiter.
Die Schatten im Zimmer fielen immer tiefer. Er sah nicht die schlanke Frauengestalt, die hinter ihm mit leisen Schritten durch die Tür getreten war; er bemerkte es erst, als sie den Arm um seine Schulter legte. – Auch ihr Antlitz war nicht mehr jung; aber in ihren Augen war noch jener Ausdruck von Mädchenhaftigkeit, den man bei Frauen, die sich geliebt wissen, auch noch nach der ersten Jugend findet. „Schreibst du an meinen Bruder?“, fragte sie, und in ihrer Stimme, nur etwas mehr gemildert, war dieselbe Klangfarbe wie in der ihres Mannes.
Er nickte. „Lies nur selbst!“, sagte er, indem er die Feder fortlegte und zu ihr emporsah.

Sie beugte sich über ihn herab; denn es war schon dämmerig geworden. So las sie, langsam wie er geschrieben hatte:
„Ich bin wieder gesund und arbeitsfähig, glücklicherweise; denn das ist die Not der Fremde, dass man den Boden, worauf man steht, sich in jeder Stunde neu erschaffen muss. So schlecht es immer sein mag, darin habt Ihr es doch gut daheim; und wer wäre nicht gern geblieben, wenn er nur ein Stück Brot und jenes unentbehrliche ‚sanfte Ruhekissen' des alten Sprichworts sich hätte erhalten können."
Sie legte schweigend die Hand auf seine Stirn, während er, der ihren Augen gefolgt war, das Blatt umwandte. Dann las sie weiter:
„Der guten und klugen Frau, die Du vorige Weihnachten bei uns hast kennen lernen, bin ich so glücklich gewesen, durch die Vermittlung eines Vergleichs mit ihrem Gutsnachbarn einen wirklichen Dienst zu leisten; der schöne, so sehr von ihr begehrte Wald ist seit Kurzem endlich in ihren Besitz gelangt. Hätten wir morgen für Deinen Freund Harro nur eine Tanne aus diesem Walde! Denn hier ist viele Meilen in die Runde kein Nadelholz zu finden. Was aber ist ein Weihnachtsabend ohne jenen Baum mit seinem Duft voll Wunder und Geheimnis?"
„Aber du", sagte der Amtsrichter, als seine Frau gelesen hatte, „du bringst in deinen Kleidern den Duft des echten Weihnachtsabends!"
Sie langte lächelnd in den Schlitz ihres Kleides und legte ein großes Stück braunen Weihnachtskuchen vor ihm auf den Tisch. „Sie sind eben vom Bäcker gekommen", sagte sie, „prob nur; deine Mutter backt sie dir nicht besser!"
Er brach einen Brocken ab und prüfte ihn genau; aber er fand alles, was ihn als Knaben daran entzückt hatte; die Masse war glashart, die eingerollten Stückchen Zucker wohl zergangen und kandiert. „Was für gute Geister aus diesem Kuchen steigen", sagte er, sich in seinen Arbeitsstuhl zurücklehnend; „ich sehe plötzlich, wie es daheim in dem alten, steinernen Hause Weihnacht wird. – Die Messingtürklinken sind womöglich noch blanker als sonst; die große gläserne Flurlampe leuchtet heute noch heller auf die Stuckschnörkel an den sauber geweißten Wänden; ein Kinderstrom um den andern, sin-

gend und bettelnd, drängt durch die Haustür; vom Keller herauf aus der geräumigen Küche zieht der Duft des Gebäckes in ihre Nasen, das dort in dem großen kupfernen Kessel über dem Feuer prasselt. – Ich sehe alles; ich sehe Vater und Mutter – Gott sei gedankt, sie leben beide! – aber die Zeit, in die ich hinabblicke, liegt in so tiefer Ferne der Vergangenheit! – Ich bin ein Knabe noch! – Die Zimmer zu beiden Seiten des Flurs sind erleuchtet; rechts ist die Weihnachtsstube. Während ich vor der Tür stehe, horchend, wie es drinnen in dem Knittergold und in den Tannenzweigen rauscht, kommt von der Hoftreppe herauf der Kutscher, eine Stange mit einem Wachslichtendchen in der Hand. – ‚Schon anzünden, Thoms?' Er schüttelt schmunzelnd den Kopf und verschwindet in die Weihnachtsstube. – Aber wo bleibt denn Onkel Erich? – Da kommt es draußen die Treppe hinauf; die Haustür wird aufgerissen. Nein, es ist nur sein Lehrling, der die lange Pfeife des ‚Herrn Ratsverwandten' bringt; ihm nach quillt ein neuer Strom von Kindern; zehn kleine Kehlen auf einmal stimmen an: ‚Vom Himmel hoch, da komm ich her!' Und schon ist meine Großmutter mitten zwischen ihnen, die alte, geschäftige Frau, den Speisekammerschlüssel am kleinen Finger, einen Teller voll Gebäckes in der Hand. Wie blitzschnell das verschwindet! Auch ich erwische mein Teil davon, und eben kommt auch meine Schwester mit dem Kindermädchen, festlich gekleidet, die langen Zöpfe frisch geflochten. Ich aber halte mich nicht auf; ich springe drei Stufen auf einmal die Treppe nach dem Hofe hinab."

Es war allmählich dunkel geworden; die Frau des Amtsrichters hatte leise einen Aktenstoß von einem Stuhl entfernt und sich an die Seite ihres Mannes gesetzt.

„Drüben in dem Seitengebäude ist das Arbeitszimmer meines Vaters. Auf die Vordiele dort fällt heute kein

Lichtschein aus dem Türfenster der Schreiberstube; der alte Tausendkünstler ist von meiner Mutter drinnen bei den Weihnachtsgeheimnissen angestellt. Aber ich tappe mich im Dunkeln vorwärts; denn gegenüber in seinem Zimmer höre ich die Schritte meines Vaters. Er arbeitet schon nicht mehr. Ich öffne leise die Tür; wie deutlich sehe ich ihn vor mir, ihn selbst und das große, verräucherte Gemach, in dem der harte Schlag der alten Wanduhr pickt! Mit einer feierlichen Unruhe geht er zwischen den mit Papieren bedeckten Tischen umher, in der einen Hand den Messingleuchter mit der brennenden Kerze, die andere vorgestreckt, als solle jetzt alles Störende ferngehalten werden. Er öffnet die Schublade seines kleinen Stehpults und nimmt die große goldene Tabatiere aus der Fischhautkapsel, einst ein Geschenk der Urgroßmutter an ihren Bräutigam, dann nach des Urgroßvaters Tode eine Ehren- und Vertrauensgabe an ihn. Aber er ist noch nicht fertig; aus dem Geldkörbchen werden blanke Silbermünzen für die Dienstboten hervorgesucht, eine Goldmünze für den Schreiber. ‚Ist Onkel Erich schon da?', fragt er, ohne sich nach mir umzusehen. – ‚Noch nicht, Vater! Darf ich ihn holen?' – ‚Das könntest du ja tun.' Und fort renne ich durch das Wohnhaus auf die Straße, um die Ecke am Hafen entlang, und während ich drunten aus der Dämmerung das Pfeifen des Windes in den Tauen der Schiffe höre, habe ich das alte Giebelhaus mit dem Vorbau erreicht. Die Tür wird aufgerissen, dass die Klingel weithin durch Flur und Pesel schallt. – Vor dem Ladentisch steht der alte Kommis, der das Detailgeschäft leitet. Er sieht mich etwas grämlich an. ‚Der Herr ist in seinem Kontor', sagt er trocken; er liebt die wilde naseweise Range nicht. Aber, was geht's mich an. – Fort mach ich hinten zur Hoftür hinaus, über zwei kleine finstere Höfe, dann in ein uraltes seltsames Nebengebäude, in welchem sich das Allerheiligste des Onkels befindet. Ohne Unfall komme ich durch den engen dunkeln Gang und klopfe an eine Tür. – ‚Herein!' Da sitzt der kleine Herr in dem feinen braunen Tuchrock an seinem mächtigen Arbeitspult; der Schein der Kontorlampe fällt auf seine freundlichen kleinen Augen und auf die mächtige Familiennase, die über den frisch gestärkten Vatermördern hinausragt. – ‚Onkel, ob du nicht kommen wolltest!', sage ich, nachdem ich

Atem geschöpft habe. – ‚Wollen wir uns noch einen Augenblick setzen!', erwidert er, indem seine Feder summierend über das Folium des aufgeschlagenen Hauptbuches hinabgleitet. – Mir wird ganz behaglich zu Sinne, ich werde nicht ein bisschen ungeduldig; aber ich setze mich auch nicht; ich bleibe stehen und besehe mir die Englands- und Westindienfahrer des Onkels, deren Bilder an der Wand hängen. Es dauert auch nicht lange, so wird das Hauptbuch herzhaft zugeklappt, das Schlüsselbund rasselt und: ‚Sieh so', sagt der Onkel, ‚fertig wären wir!' Während er sein spanisches Rohr aus der Ecke langt, will ich schon wieder aus der Tür; aber er hält mich zurück. ‚Ah, wart doch mal ein wenig! Wir hätten hier wohl noch so etwas mitzunehmen.' Und aus einer dunkeln Ecke des Zimmers holt er zwei wohlversiegelte, geheimnisvolle Päckchen. – Ich wusste es wohl, in solchen Päckchen steckte ein Stück leibhaftigen Weihnachtens; denn der Onkel hatte einen Bruder in Hamburg, und er trat nicht mit leeren Händen an den Tannenbaum. So nie gesehenes, märchenhaftes Zuckerzeug, wie er mitten in der Bescherung noch mir und meiner Schwester auf unsere Weihnachtsteller zu legen pflegte, ist mir später niemals wieder vorgekommen.

Bald darauf steige ich an der Hand des Onkels die breite Steintreppe zu unserm Hause hinauf. Ein paar Augenblicke verschwindet er mit seinen Päckchen in die Weihnachtsstube; es ist noch nicht angezündet, aber durch die halb geöffnete und rasch wieder geschlossene Tür glitzert es mir entgegen aus der noch drinnen herrschenden ahnungsvollen Dämmerung. Ich schließe die Augen, denn ich will

Tragantfigur, um 1850

nichts sehen, und trete in das gegenüberliegende, festlich erleuchtete Zimmer, das ganz von dem Duft der braunen Kuchen und des heute besonders fein gemischten Tees erfüllt ist. Die Hände auf dem Rücken mit langsamen Schritten geht mein Vater auf und nieder. ‚Nun, seid ihr da?', fragt er stehen bleibend. – Und schon ist auch Onkel Erich bei uns; mir scheint, die Stube wird noch einmal so hell, da er eintritt. Er grüßt die Großmutter, den Vater; er nimmt meiner Schwester die Tasse ab, die sie ihm auf dem gelb lackierten Brettchen präsentiert. ‚Was meinst du', sagt er, indem er seinen Augen einen bedenklichen Ausdruck zu geben sucht, ‚es wird wohl heute nicht viel für uns abfallen!' Aber er lacht dabei so tröstlich, dass diese Worte wie eine goldene Verheißung klingen. Dann, während in dem blanken Messingkomfort der Teekessel saust, beginnt er eine seiner kleinen Erzählungen von den Begebenheiten der letzten Tage, seit man sich nicht gesehen. War es nun der Ankauf eines neuen Spazierstocks oder das unglückliche Zerbrechen einer Mundtasse; es floss alles so sanft dahin, dass man ganz davon erquickt wurde. Und wenn er gar eine Pause machte, um das bisher Erzählte im behaglichsten Gelächter nachzugenießen, wer hätte da nicht mitgelacht! Mein Vater nimmt vergeblich seine kritische Prise; er muss endlich doch mit einstimmen. Dies harmlose Geplauder – es ist mir erst später klar geworden – war die Art, wie der tätige Geschäftsmann von der Tagesarbeit ausruhte. Es klingt mir noch lieb in der Erinnerung und mir ist, als verstände das jetzt niemand mehr. – Aber während der Onkel so erzählt, steckt plötzlich meine Mutter, die seit Mittag unsichtbar gewesen ist, den Kopf ins Zimmer. Der Onkel macht ein Kompliment und bricht seine Geschichte ab; die Tür und die gegenüberliegende Tür werden weit geöffnet. Wir treten zögernd ein; und vor uns, zurückgestrahlt von dem großen Wand-

spiegel, steht der brennende Baum mit seinen Flittergoldfähnchen, seinen weißen Netzen und goldenen Eiern, die wie Kinderträume in den dunkeln Zweigen hängen."

„Paul", sagte die Frau, „und wenn wir ihn noch so weit herbeischaffen sollten, wir müssen wieder einen Tannenbaum haben. Der arme Junge hat sich selbst einen Weihnachtsgarten gebaut; er ist nur eben wieder fort, um Moos aus dem Eichenwäldchen zu holen."

Der Amtsrichter schwieg einen Augenblick. – „Es tut nicht gut, in die Fremde zu gehen", sagte er dann, „wenn man daheim schon am eigenen Herd gesessen hat. – Mir ist noch immer, als sei ich hier nur zu Gaste, und morgen oder übermorgen sei die Zeit herum, dass wir alle wieder nach Hause müssten!"

Sie fasste die Hand ihres Mannes und hielt sie fest in der ihrigen, aber sie antwortete nichts darauf.

„Gedenkst du noch an einen Weihnachten?", hub er wieder an, „ich hatte die Studentenjahre hinter mir und lebte nun noch einmal, zum letzten Mal, eine kurze Zeit als Kind im elterlichen Hause. Freilich war es dort nicht mehr so heiter, wie es einst gewesen; es war Unvergessliches geschehen, die alte Familiengruft unter der großen Linde war ein paar Mal offen gewesen; meine Mutter, die unermüdlich tätige Frau, ließ oft mitten in der Arbeit die Hände sinken und stand regungslos, als habe sie sich selbst vergessen. Wie unsere alte Margreth' sagte, sie trug ein Kämmerchen in ihrem Kopf, drin spielte ein totes Kind. – Nur Onkel Erich, freilich ein wenig grauer als sonst, erzählte noch seine kleinen freundlichen Geschichten, und auch die Schwester und die Großmutter lebten noch. Damals war jener Weihnachtsabend; eine Verwandte, ein junges schönes Mädchen, war zu der Schwester auf Besuch gekommen. Weißt du, wie sie hieß?"

„Ellen", sagte sie leise und lehnte den Kopf an die Brust ihres Mannes.

Der Mond war aufgegangen und beleuchtete ein paar Silberfäden in dem braunen seidigen Haar, das sie schlicht gescheitelt trug, schmucklos in einer Flechte um den Schildpattkamm gelegt.

Er strich mit der Hand über dies noch immer selten schöne Haar.

„Ellen hatte auch beschert bekommen", sprach er weiter; „auf dem

kleinen Mahagonitische lagen Geschenke von meiner Mutter und was von ihren Eltern von drüben aus dem Schwesterlande herübergeschickt war. Sie stand mit dem Rücken gegen den brennenden Baum, die Hand auf die Tischplatte gestützt; sie stand schon lange so; ich sehe sie noch"; und er ließ seine Augen eine Weile schweigend auf dem schönen Antlitz seiner Frau ruhen; „da war meine Mutter unbemerkt zu ihr getreten; sie fasste sanft ihre Hand und sah ihr fragend in die Augen. – Ellen blickte nicht um, sie neigte nur den Kopf; plötzlich aber richtete sie sich rasch auf und entfloh ins Nebenzimmer. Weißt du es noch? Während meine Mutter leise den Kopf schüttelte, ging ich ihr nach; denn seit einem kleinen Zank am letzten Abend waren wir vertraute Freunde. Ellen hatte sich in der Ofenecke auf einen Stuhl gesetzt; es war fast dunkel dort; nur eine vergessene Kerze mit langer Schnuppe brannte in dem Zimmer. ‚Hast du Heimweh, Ellen?', fragte ich. – ‚Ich weiß es nicht!' – Eine Weile stand ich schweigend vor ihr. ‚Was hast du denn da in der Hand?' – ‚Willst du es haben?' – Es war eine Börse von dunkelroter Seide. ‚Wenn du sie für mich gemacht hast', sagte ich; denn ich hatte die Arbeit in den Tagen zuvor in ihren Händen gesehen und wohl bemerkt, wie Ellen sie, sobald ich näher kam, in ihrem Nähkästchen verschwinden ließ. – Aber Ellen antwortete nicht und gab mir auch nicht ihr Angebinde. Sie stand auf und putzte das Licht, dass es plötzlich ganz hell im Zimmer wurde. ‚Komm', sagte sie, ‚der Baum brennt ab, und Onkel Erich will noch Zuckerzeug bescheren!' Damit wehte sie sich mit ihrem Schnupftuch ein paar Mal um die Augen und ging in die Weihnachtsstube zurück, und als wir dann später am Pochbrett saßen, war sie die Ausgelassenste von allen. Von meinem Weihnachtsgeschenk war weiter nicht die Rede. – Aber weißt du, Frau?" – und er ließ ihre Hand los, die er bis dahin festgehalten – „die Mädchen sollten nicht so eigensinnig sein; das hat mir damals keine Ruh gelassen; ich musste doch die Börse haben, und darüber" –

„Darüber, Paul? – Sprich nur dreist heraus!"

„Nun, hast du denn von der Geschichte nichts gehört? Darüber bekam ich nun auch noch das Mädchen in den Kauf."

„Freilich", sagte sie, und er sah bei dem hellen Mondschein in ihren Augen etwas blitzen, das ihn an das übermütige Mädchen erinnerte, das sie einst gewesen, „freilich weiß ich von der Geschichte, und ich kann sie dir auch erzählen; aber es war ein Jahr später, nicht am Weihnachts-, sondern am Neujahrsabend, und auch nicht hüben, sondern drüben."

Sie räumte das Tintenfass und einige Papiere beiseite und setzte sich ihrem Manne gegenüber auf den Schreibtisch. „Der Vetter war bei Ellens Eltern zum Besuch, bei dem alten prächtigen Kirchspielvogt, der damals noch ein starker Nimrod war. – Ellen hatte noch niemals einen so schönen und langen Brief bekommen als den, worin der Vetter sich bei ihnen angemeldet; aber so gut wie mit der Feder wusste er mit der Flinte nicht umzugehen. Und dennoch, tat es die Landluft oder der schöne Gewehrschrank im Zimmer des Kirchspielvogts, es war nicht anders, er musste alle Tage auf die Jagd. Und wenn er dann abends durchnässt mit leerer Tasche nach Hause kam und die Flinte schweigend in die Ecke setzte – wie behaglich ergingen sich da die Stichelreden des alten Herrn. – ‚Das heißt Malheur, Vetter; aber die Hasen sind heuer alle wild geraten!' – oder: ‚Mein Herzensjunge, was soll die Diana einmal von dir denken!' Am meisten aber – du hörst doch, Paul?"

„Ich höre, Frau."

„Am meisten plagte ihn die Ellen; die setzte ihm heimlich einen Strohkranz auf, sie band ihm einen Gänseflügel vor den Flintenlauf; eines Vormittags weißt du, es war Schnee gefallen – hatte sie einen Hasen, den der Knecht geschossen, aus der Speisekammer geholt, und eine Weile darauf saß er noch einmal auf seinem alten Futterplatz im Garten, als wenn er lebte, ein Kohlblatt zwischen den Vorderläufen. Dann hatte sie den Vetter gesucht und an die

Hoftür gezogen. ‚Siehst du ihn, Paul? da hinten im Kohl; die Löffel gucken aus dem Schnee!' Er sah ihn auch; seine Hand zitterte. ‚Still, Ellen! Sprich nicht so laut! Ich will die Flinte holen!' Aber als kaum die Tür nach des Vaters Stube hinter ihm zuklappte, war Ellen schon wieder in den Schnee hinausgelaufen, und als er endlich mit der geladenen Flinte heranschlich, hing auch der Hase schon wieder an seinem sichern Haken in der Speisekammer. – Aber der Vetter ließ sich geduldig von ihr plagen."

„Freilich", sagte der Amtsrichter, und legte seine Arme behaglich auf die Lehne seines Sessels, „er hatte ja die Börse noch immer nicht!"

„Drum auch! die lag noch unangerührt droben in der Kommode, in Ellens Giebelstübchen. Aber – wo die Ellen war, da war der Vetter auch; heißt das, wenn er nicht auf der Jagd war. Saß sie drinnen an ihrem Nähtisch, so hatte er gewiss irgendein Buch aus der Polterkammer geholt und las ihr daraus vor; war sie in der Küche und backte Waffeln, so stand er neben ihr, die Uhr in der Hand, damit das Eisen zur rechten Zeit gewendet würde. – So kam die Neujahrsnacht. Am Nachmittage hatten beide auf dem Hofe mit des Vaters Pistolen nach goldenen Eiern geschossen, die Ellen vom Weihnachtsbaum ihrer Geschwister abgeschnitten; und der Vetter hatte unter dem Händeklatschen der Kleinen zweimal das goldene Ei getroffen. Aber war's nun, weil er am andern Tage reisen musste, oder war's, weil Ellen fortlief, als er sie vorhin allein in ihrem Zimmer aufgesucht hatte – es war gar nicht mehr der geduldige Vetter – er tat kurz und unwirsch und sah kaum noch nach ihr hin. – Das blieb den ganzen Abend so; auch als man später sich zu Tische setzte. Ellens Mutter warf wohl einmal einen fragenden Blick auf die beiden, aber sie sagte nichts darüber. Der Kirchspielvogt hatte auf andere Dinge zu achten, er schenkte den Punsch, den er eigenhändig gebraut hatte; und als es drunten

im Dorfe zwölf schlug, stimmte er das alte Neujahrslied von Johann Heinrich Voß an, das nun getreulich durch alle Verse abgesungen wurde. Dann rief man ‚Prost Neujahr!' und schüttelte sich die Hände, und auch Ellen reichte dem Vetter ihre Hand; aber er berührte kaum ihre Fingerspitzen. – So war's auch, da man sich bald darauf gute Nacht sagte. – Als das Mädchen droben allein in ihrem Giebelstübchen war – und nun merk auf, Paul, wie ehrlich ich erzähle! – da hatte sie keine Ruh zum Schlafen; sie setzte sich still auf die Kante ihres Bettes, ohne sich auszukleiden und ohne der klingenden Kälte in der ungeheizten Kammer zu achten. Denn es kränkte sie doch; sie hatte dem Menschen ja nichts zu Leid getan. Freilich, er hatte sie gestern noch gefragt, ob sie den Hasen nicht wieder im Kohl gesehen; und sie hatte dazu den Kopf geschüttelt. – War es etwa das, und wusste er denn, dass er den Hasen schon vor drei Tagen selbst hatte mit verzehren helfen? – – Sie wollte den schönen Brief des Vetters einmal wieder lesen. Aber als sie in die Tasche langte, vermisste sie den Kommodenschlüssel. Sie ging mit dem Lichte hinab in die Wohnstube, und von dort, als sie ihn nicht gefunden, in die Küche, wo sie vorhin gewirtschaftet hatte.
Von all dem Sieden und Backen des Abends war es noch warm in dem großen dunkeln Raume. Und richtig, dort lag der Schlüssel auf dem Fensterbrett. Aber sie stand noch einen Augenblick und blickte durch die Scheiben in die Nacht hinaus. – So hell und weit dehnte sich das Schneefeld; dort unten zerstreut lagen die schwarzen Strohdächer des Dorfes; unweit des Hauses zwischen den kahlen Zweigen der Silberpappeln erkannte sie deutlich die großen Krähennester; die Sterne funkelten. Ihr fiel ein alter Reim ein, ein Zauberspruch, den sie vor Jahr und Tag von der Tochter des Schulmeisters gelernt hatte. Hinter ihr im Hause war es so still und leer; sie schauerte; aber trotz dessen wuchs in ihr das Gelüste, es mit den unheimlichen Dingen zu versuchen. So trat sie zögernd ein paar Schritte zurück. Leise zog sie den einen Schuh vom Fuße, und die Augen nach den Sternen und tief aufatmend sprach sie: ‚Gott grüß dich, Abendstern!' – – Aber was war das? Ging hinten nicht die Hoftür? Sie trat ans Fenster und horchte. – Nein, es knarrte wohl nur die große Pappel an der Giebelseite des Hauses. – Und noch einmal hub sie leise an und sprach:

‚Gott grüß dich, Abendstern!
Du scheinst so hell von fern,
über Osten, über Westen,
über alle Krähennesten.
Ist einer zu mein' Liebchen geboren,
Ist einer zu mein' Liebchen erkoren,
Der komm, als er geht,
Als er steht,
In sein täglich Kleid!'

Dann schwenkte sie den Schuh und warf ihn hinter sich. Aber sie wartete vergebens; sie hörte ihn nicht fallen. Ihr wurde seltsam zu Mute, das kam von ihrem Vorwitz! Welch unheimlich Ding hatte ihren Schuh gefangen, eh' er den Boden erreicht hatte? – Einen Augenblick noch stand sie so; dann mit dem letzten Restchen ihres Mutes wandte sie langsam den Kopf zurück. – Da stand ein Mann in der dunklen Tür, und es war Paul; er war richtig noch einmal auf den unglücklichen Hasen ausgewesen!"

„Nein, Ellen", sagte der Amtsrichter, „du weißt es wohl; das war er denn doch diesmal nicht; er hatte nur, wie du, auch keine Ruh gefunden; – aber nun hielt er den kleinen Schuh des Mädchens in der Hand; und Ellen hatte sich am Herd auf einen Stuhl gesetzt, mit geschlossenen Augen, die Hände gefaltet vor sich in den Schoß gestreckt. Es war kein Zweifel mehr, dass sie sich ganz verloren gab; denn sie wusste wohl, dass der Vetter alles gehört und gesehen hatte. – Und weißt du auch noch die Worte, die er zu ihr sprach?"

„Ja, Paul, ich weiß sie noch; und es war sehr grausam und wenig edel von ihm. ‚Ellen', sagte er, ‚ist noch immer die Börse nicht für mich gemacht?' – Doch Ellen tat ihm auch diesmal den Gefallen nicht; sie stand auf und öffnete das Fenster, dass von draußen die Nachtluft und das ganze Sterngefunkel zu ihnen in die Küche drang."

„Aber", unterbrach er sie, „Paul war zu ihr getreten und sie legte still den Kopf an seine Brust; und noch höre ich den süßen Ton ihrer Stimme, als sie so, in die Nacht hinaus nickend, sagte: ‚Gott grüß dich, Abendstern!'

Zinn-Christbaumschmuck und Vögel aus Wachs im Ring, um 1850

Die Tür wurde rasch geöffnet; ein kräftiger, etwa zehnjähriger Knabe trat mit einem brennenden Licht ins Zimmer. „Vater! Mutter!", rief er, indem er die Augen mit der Hand beschattete. „Hier ist Moos und Efeu und auch noch ein Wacholderzweig!"
Der Amtsrichter war aufgestanden. „Bist du da, mein Junge!", sagte er und nahm ihm die Botanisiertrommel mit den heimgebrachten Schätzen ab.
Frau Ellen aber ließ sich schweigend von dem Schreibtisch herabgleiten und schüttelte sich ein wenig wie aus Träumen. Sie legte beide Hände auf ihres Mannes Schultern und blickte ihn eine Weile voll und herzlich an. Dann nahm sie die Hand des Knaben. „Komm, Harro", sagte sie, „wir wollen Weihnachtsgärten bauen!"

Unter dem Tannenbaum

Der Weihnachtsabend begann zu dämmern. – Der Amtsrichter war mit seinem Sohne auf der Rückkehr von einem Spaziergange; Frau Ellen hatte sie auf ein Stündlein fortgeschickt. Vor ihnen im Grunde lag die kleine Stadt; sie sahen deutlich, wie aus allen Schornsteinen der Rauch emporstieg; denn dahinter am Horizont stand feuerfarben das Abendrot. – Sie sprachen von den Großeltern drüben in der alten Heimat; dann von den letzten Weihnachten, die sie dort erlebt hatten.

„Und am Vorabend", sagte der Vater, „als Knecht Ruprecht zu uns kam mit dem großen Bart und dem Quersack, und der Rute in der Hand!"

„Ich wusste wohl, dass es Onkel Johannes war", erwiderte der Knabe, „der hatte immer so etwas vor!"

„Weißt du denn auch noch die Worte, die er sprach?"

Harro sah den Vater an und schüttelte den Kopf.

„Wart nur", sagte der Amtsrichter, „die Verse liegen zu Haus in meinem Pult; vielleicht bekomm ich's noch beisammen!" Und nach einer Weile fuhr er fort: „Entsinne dich nur, wie erst die drei Rutenhiebe von draußen auf die Tür fielen und wie dann die raue borstige Gestalt mit der großen Hakennase in die Stube trat!" Dann hub er langsam und mit tiefer Stimme an:

Spanschachtel mit Spielzeug-Jagd, Masse und Holz, Luffabäume, Erzgebirge um 1860

„Von drauß' vom Walde komm ich her,
Ich muss euch sagen, es weihnachtet sehr!
Allüberall auf den Tannenspitzen
Sah ich goldene Lichtlein sitzen.
Und droben aus dem Himmelstor
Sah mit großen Augen das Christkind hervor.
Und wie ich so strolcht' durch den dichten Tann,
Da rief's mich mit heller Stimme an;
‚Knecht Ruprecht', rief es, ‚alter Gesell,
Hebe die Beine und spute dich schnell!
Die Kerzen fangen zu brennen an,
Das Himmelstor ist aufgetan,
Alt' und Junge sollen nun
Von der Jagd des Lebens einmal ruhn;
Und morgen flieg ich hinab zur Erden,
Denn es soll wieder Weihnachten werden!'
Ich sprach: ‚O, lieber Herre Christ,
Meine Reise fast zu Ende ist;
Ich soll nur noch in diese Stadt,
Wo's eitel brave Kinder hat.'
‚Hast denn das Säcklein auch bei dir?'
Ich sprach: ‚Das Säcklein, das ist hier;
Denn Apfel, Nuss und Mandelkern
Fressen fromme Kinder gern!'
‚Hast denn die Rute auch bei dir?'
Ich sprach: ‚Die Rute, die ist hier!
Doch für die Kinder nur, die schlechten,
Die trifft sie auf den Teil, den rechten!'
Christkindlein sprach: ‚So ist es recht,
So geh mit Gott, mein treuer Knecht!'
Von drauß' vom Walde komm ich her;
Ich muss euch sagen, es weihnachtet sehr!
Nun sprecht, wie ich's hierinnen find?
Sind's gute Kind', sind's böse Kind'?'

„Aber“, fuhr der Amtsrichter mit veränderter Stimme fort, „ich sagte dem Knecht Ruprecht:

> Der Junge ist von Herzen gut,
> Hat nur mitunter was trotzigen Mut!“

„Ich weiß, ich weiß!“, rief Harro triumphierend; und den Finger emporhebend, und mit listigem Ausdruck setzte er hinzu: „Dann kam so etwas!“
„Was dich in großes Geschrei brachte; denn Knecht Ruprecht schwang seine Rute und sprach:

> Heißt es bei euch denn nicht mitunter:
> Nieder den Kopf und die Hosen herunter?“

„O“, sagte Harro, „ich fürchtete mich nicht; ich war nur zornig auf den Onkel!“
Über der Stadt, die sie jetzt fast erreicht hatten, stand nur noch ein fahler Schein am Himmel. Es dunkelte schon; aber es begann zu schneien; leise und emsig fielen die Flocken und der Weg schimmerte schon weiß zu ihren Füßen.
Vater und Sohn waren eine Weile schweigend nebeneinander hergegangen. – „Am Abend darauf“, hub der Amtsrichter wieder an, „brannte der letzte Weihnachtsbaum, den du gehabt hast. Es war damals eine bewegte Zeit; sogar das Zuckerwerk zwischen den Tannenzweigen war kriegerisch geworden; unsere ganze Armee, Soldaten zu Pferde und zu Fuß! – Von alledem ist nun nichts mehr übrig!“, setzte er leiser und wie mit sich selber redend hinzu.
Der Knabe schien etwas darauf erwidern zu wollen, aber ein anderes hatte plötzlich seine Gedanken in Anspruch genommen. – Es war ein großer bärtiger Mann, der vor ihnen aus einem Seitenwege auf die Landstraße herauskam. Auf der Schulter balancierte er ein langes stangenartiges Gepäck, während er mit einem Tannenzweig, den er in der Hand hielt, bei jedem Schritt in die Luft peitschte. Wie er vorüberging, hatte Harro in der Dämmerung noch die große rote Hakennase erkannt, die unter der Pelzmütze hinausragte.

Knecht Ruprecht. Kolorierte Kreidelithografie von L. Diefenbach.
Aus: Die Zwölf Monate des Jahres. Ein Jugendkalender in Wort und Bild. Stuttgart 1862

Auch einen Quersack trug der Mann, der anscheinend mit allerhand eckigen Dingen angefüllt war. Er ging rasch vor ihnen auf. „Knecht Ruprecht!", flüsterte der Knabe, „hebe die Beine und spute dich schnell!"
Das Gewimmel der Schneeflocken wurde dichter, sie sahen ihn noch in die Stadt hinabgehen; dann entschwand er ihren Augen; denn ihre Wohnung lag eine Strecke weiter außerhalb des Tores. „Freilich", sagte der Amtsrichter, indem sie rüstig zuschritten, „der Alte kommt zu spät; dort unten in der Gasse leuchteten schon alle Fenster in den Schnee hinaus."
Endlich war das Haus erreicht. Nachdem sie auf dem Flur die beschneiten Überkleider abgetan, traten sie in das Arbeitszimmer des Amtsrichters. Hier war heute der Tee serviert; die große Kugellampe brannte, alles war hell und aufgeräumt. Auf der saubern Damastserviette stand das fein lackierte Teebrett mit den Geburtstagstassen und dem rubinroten Zuckerglase; daneben auf dem Fußboden in dem Komfort von Mahagonistäbchen mit blankem Messingeinsatz kochte der Kessel, wie es sein muss, auf gehörig durchgeglühten Torfkohlen; wie daheim einst in der großen Stube des alten Familienhauses, so dufteten auch hier in dem kleinen Stübchen die braunen Weihnachtskuchen nach dem Rezept der Urgroßmutter. – Aber während die Mutter nebenan im Wohnzimmer noch das Fest bereitete, blieben Vater und Sohn allein; kein Onkel Erich kam, ihnen feiern zu helfen. Es war doch anders als daheim.
Ein paar Mal hatte Harro mit bescheidenem Finger an die Tür gepocht, und ein leises „Geduld!" der Mutter war die Antwort gewesen. Endlich trat Frau Ellen selbst herein. Lächelnd – aber ein leiser Zug von Weh war doch dabei – streckte sie ihre Hände aus und zog ihren Mann und ihren Knaben, jeden bei einer Hand, in die helle Weihnachtsstube.
Es sah freundlich genug aus. Auf dem Tische in der Mitte, zwischen zwei Reihen brennender Wachskerzen, stand das kleine Kunstwerk, das Mutter und Sohn in den Tagen vorher sich selbst geschaffen hatten, ein Garten im Geschmack des vorigen Jahrhunderts mit glatt geschorenen Hecken und dunklen Lauben; alles von

Rapunzel. Münchner Bilderbogen, illustriert von Otto Speckter, 1857

Moos und verschiedenem Wintergrün zierlich zusammengestellt. Auf dem Teiche von Spiegelglas schwammen zwei weiße Schwäne; daneben vor dem chinesischen Pavillon standen kleine Herren und Damen von Papiermaché, in Puder und Contouchen. – Zu beiden Seiten lagen die Geschenke für den Knaben; eine scharfe Lupe für die Käfersammlung, ein paar bunte Münchener Bilderbogen, die nicht fehlen durften, von Schwind und Otto Speckter; ein Buch in rotem Halbfranzband; dazwischen ein kleiner Globus in schwarzer Kapsel, augenscheinlich schon ein altes Stück. „Es war Onkel Erichs letzte Weihnachtsgabe an mich", sagte der Amtsrichter, „nimm du es nun von mir! Es ist mir in diesen Tagen aufs Herz gefallen, dass ich ihm die Freude, die er mir als Kind gemacht, in späterer Zeit nicht einmal wieder gedankt –; nun haben sie mir den alten Herrn im letzten Herbst begraben!"
Frau Ellen legte den Arm um ihren Mann und führte ihn an den Spiegeltisch, auf dem heute die beiden silbernen Armleuchter brannten. Auch ihm hatte sie beschert; das Erste aber, wonach seine Hand langte, war ein kleines Lichtbild. Seine Augen ruhten lange darauf, während Frau Ellen still zu ihm emporsah. Es war sein elterlicher Garten; dort unter dem Ahorn vor dem Lusthause standen die beiden Alten selbst, das noch dunkle volle Haar seines Vaters war deutlich zu erkennen.
Der Amtsrichter hatte sich umgewandt; es war, als suchten seine Augen etwas. Die Lichter an dem Moosgärtchen brannten knisternd fort; in ihrem Schein stand der Knabe vor dem aufgeschlagenen Weihnachtsbuch. Aber droben unter der Decke des hohen Zimmers war es dunkel; der Tannenbaum fehlte, der das Licht des Festes auch dort hinaufgetragen hätte.
Da klingelte draußen im Flur die Glocke und die Haustür wurde polternd aufgerissen. „Wer ist denn das?", sagte Frau Ellen; und Harro lief zur Tür und sah hinaus.
Draußen hörten sie eine raue Stimme fragen: „Bin ich denn hier recht beim Herrn Amtsrichter?" Und in demselben Augenblicke wandte auch der Knabe den Kopf zurück und rief: „Knecht Ruprecht; Knecht Ruprecht!" Dann zog er Vater und Mutter mit sich aus der Tür.

Es war der große bärtige Mann, der den beiden Spaziergängern vorhin oberhalb der Stadt begegnet war; bei dem Schein des Flurlämpchens sahen sie deutlich die rote Hakennase unter der beschneiten Pelzmütze leuchten. Sein langes Gepäck hatte er gegen die Wand gelehnt. „Ich habe das hier abzugeben!“, sagte er, indem er auch den schweren Quersack von der Schulter nahm.
„Von wem denn?“, fragte der Amtsrichter.
„Ist mir nichts von aufgetragen worden.“
„Wollt Ihr denn nicht näher treten?“
Der Alte schüttelte den Kopf. „Ist alles schon besorgt! Habt gute Weihnacht beieinander!“ Und indem er noch einmal mit der großen Nase nickte, war er schon zur Tür hinaus.

Diverse Kerzenhalter, Blech 1875–1920

Laternen für den Tannenbaum, Weißblech, Glas, Pergament, bedruckt, um 1850

„Das ist eine Bescherung!", sagte Frau Ellen fast ein wenig schüchtern.
Harro hatte die Haustür aufgerissen. Da sah er die große dunkele Gestalt schon weithin auf dem beschneiten Wege hinausschreiten.
Nun wurde die Magd herbeigerufen, deren Bescherung durch dieses Zwischenspiel bis jetzt verzögert war; und als mit ihrer Hülfe die verhüllten Dinge in das helle Weihnachtszimmer gebracht waren, kniete Frau Ellen auf dem Fußboden und begann mit ihrem Trennmesser die Nähte des großen Packens aufzulösen. Und bald fühlte sie, wie es von innen heraus sich dehnte und die immer schwächer werdenden Bande zu sprengen strebte; und als der Amtsrichter, der bisher schweigend dabeigestanden, jetzt die letzten Hüllen abgestreift hatte und es aufrecht vor sich hingestellt hielt, da war's ein ganzer mächtiger Tannenbaum, der nun nach allen Seiten seine entfesselten Zweige ausbreitete. Lange schmale

Bänder von Knittergold rieselten und blitzten überall von den Spitzen durch das dunkele Grün herab; auch die Tannäpfel waren golden, die unter allen Zweigen hingen.
Harro war indes nicht müßig gewesen, er hatte den Quersack aufgebunden; mit leuchtenden Augen brachte er einen flachen, grün lackierten Kasten geschleppt. „Horch, es rappelt!“, sagte er; „es ist ein Schubfach darin!“ Und als sie es aufgezogen, fanden sie wohl ein Schock der feinsten weißen Wachskerzchen.
„Das kommt von einem echten Weihnachtsmann“, sagte der Amtsrichter, indem er einen Zweig des Baumes herunterbog, „da sitzen schon überall die kleinen Blechlampetten!“
Aber es war nicht nur ein Schubfach in dem Kasten; es war auch obenauf ein Klötzchen mit einem Schraubengang. Der Amtsrichter wusste Bescheid in diesen Dingen; nach einigen Minuten war der Baum eingeschroben und stand fest und aufrecht, seine grüne Spitze fast bis zur Decke streckend. – Die alte Magd hatte ihre Schüssel mit Äpfeln und Pfeffernüssen stehen lassen: während die anderen drei beschäftigt waren, die Wachskerzen aufzustecken, stand sie neben ihnen, ein lebendiger Kandelaber, in jeder Hand einen brennenden Armleuchter emporhaltend. – Sie war aus der Heimat mit herübergekommen und hatte sich von allen am schwersten in den Brauch der Fremde gefunden. Auch jetzt betrachtete sie den stolzen Baum mit misstrauischen Augen. „Die goldenen Eier sind denn doch vergessen!“, sagte sie.
Der Amtsrichter sah sie lächelnd an: „Aber, Margreth, die goldenen Tannäpfel sind doch schöner!“
„So, meint der Herr? Zu Hause haben wir immer die goldenen Eier gehabt.“
Darüber war nicht zu streiten; es war auch keine Zeit dazu. Harro hatte sich indessen schon wieder über den Quersack hergemacht. „Noch nicht anzünden!“, rief er, „das Schwerste ist noch darin!“
Es war ein fest vernageltes hölzernes Kistchen. Aber der Amtsrichter holte Hammer und Meißel aus seinem Gerätkästchen; nach ein paar Schlägen sprang der Deckel auf und eine Fülle weißer Papierspäne quoll ihnen entgegen. „Zuckerzeug!“, rief Frau Ellen, und

streckte schützend ihre Hände darüber aus. „Ich wittere Marzipan! Setzt euch; ich werde auspacken!“
Und mit vorsichtiger Hand langte sie ein Stück nach dem andern heraus und legte es auf den Tisch, das nun von Vater und Sohn aus dem umhüllenden Seidenpapier herausgewickelt wurde.
„Himbeeren!“, rief Harro, „und Erdbeeren, ein ganzer Strauß!“
„Aber siehst du es wohl?“, sagte der Amtsrichter, „es sind Walderdbeeren; so welche wachsen in den Gärten nicht.“
Dann kam, wie lebend, allerlei Geziefer; Hornissen und Hummeln und was sonst im Sonnenschein an stillen Waldplätzen umherzusummen pflegt, zierlich aus Dragant gebildet, mit goldbestäubten Flügeln; nun eine Honigwabe – die Zellen mochten mit Likör gefüllt sein –, wie sie die wilde Biene in den Stamm der hohlen Eiche baut; und jetzt ein großer Hirschkäfer, von Schokolade, mit gesperrten Zangen und ausgebreiteten Flügeldecken. „Cervus lucanus!“, rief Harro und klatschte in die Hände.
An jedem Stück war, je nach der Größe, ein lichtgrünes Seidenbändchen. Sie konnten der Lockung nicht widerstehen; sie begannen schon jetzt den Baum damit zu schmücken, während Frau Ellens Hände noch immer neue Schätze ans Licht förderten.
Bald schwebte zwischen den Immen auch eine Schar von Schmetterlingen an den Tannenspitzen; da war der Himbeerfalter, die silberblaue Daphnis und der olivenfarbige Waldargus, und wie sie alle heißen mochten, die Harro hier vergebens aufzujagen gesucht hatte. – Und immer schwerer wurden die Päckchen, die eins nach dem andern von den eifrigen Händen geöffnet wurden. Denn jetzt kam das Geschlecht des größern Geflügels; da kam der Dompfaff und der Buntspecht, ein paar Kreuzschnäbel, die im Tannenwald daheim sind; und jetzt – Frau Ellen stieß einen leichten Schrei aus – ein ganzes Nest voll kleiner schnäbelaufsperrender Vögel; und Vater und Sohn gerieten miteinander in Streit, ob es Goldhähnchen oder junge Zeisige seien, während Harro schon das kleine Heimwesen im dichtesten Tannengrün verbarg.
Noch ein Waldbewohner erschien; er musste vom Buchenrevier herübergekommen sein; ein Eichhörnchen von Marzipan, in hal-

ber Lebensgröße, mit erhobenem Schweif und klugen Augen. „Und nun ist's alle!", rief Frau Ellen. Aber nein, ein schweres Päckchen noch! Sie öffnete es und verbarg es dann ebenso rasch wieder in beiden Händen. „Ein Prachtstück!", rief sie; „aber nein, Paul; ich bin edelmütiger als du; ich zeig's dir nicht!"

Marzipanfiguren. Eichhörnchen und Hase mit Kohlblatt

Der Amtsrichter ließ sich das nicht anfechten; er brach ihr die nicht gar zu ernstlich geschlossenen Hände auseinander; während sie lachend über ihn wegschaute.

„Ein Hase!", jubelte Harro; „er hat ein Kohlblatt zwischen den Vorderpfötchen!"

Frau Ellen nickte: „Freilich, er kommt auch eben aus des alten Kirchspielvogts Garten!"

„Harro, mein Junge", sagte der Amtsrichter, indem er drohend den Finger gegen seine Frau erhob; „versprich mir, diesen Hasen zu verspeisen, damit er gründlich aus der Welt komme!"

Das versprach Harro.

Der Baum war voll, die Zweige bogen sich; die alte Margreth stöhnte, sie könne die Leuchter nicht mehr halten, sie habe gar keine Arme mehr am Leibe.

Aber es gab wieder neue Arbeit. „Anzünden!", kommandierte der Amtsrichter; und die klein' und großen Weihnachtskinder standen mit heißen Gesichtern, kletterten auf Schemel und Stühle und ließen nicht ab, bis alle Kerzen angezündet waren.

Der Baum brannte, das Zimmer war von Duft und Glanz erfüllt; es war nun wirklich Weihnachten geworden.

Ein wenig müde von der ungewohnten Anstrengung saß der Amtsrichter auf dem Sofa, nachsinnend in den gegenüberhängenden großen Wandspiegel blickend, der das Bild des brennenden Baumes zurückstrahlte.

Frau Ellen, die ganz heimlich ein wenig aufzuräumen begann, wollte eben die geleerte Kiste an die Seite setzen, als sie wie in Gedanken noch einmal mit der Hand durch die Papierspäne streifte. Sie stutzte. „Un-

Schleswig-Holsteinische Dragoner 1848–51, kolorierter Holzschnitt von Richard Knötel nach einer zeitgenössischen Skizze von J. Wagner, R. Knötel, Uniformenkunde, Rathenow, um 1890

erschöpflich!“, sagte sie lächelnd. – Es war ein Star von Schokolade, den sie hervorgeholt hatte. „Und, Paul“, fuhr sie fort, „er spricht!“
Sie hatte sich zu ihm auf die Sofalehne gesetzt, und beide lasen nun gemeinschaftlich den beschriebenen Zettel, den der Vogel in seinem Schnabel trug: „Einen Wald- und Weihnachtsgruß von einer dankbaren Freundin!“
„Also von ihr!“, sagte der Amtsrichter, „ihr Herz hat ein gutes Gedächtnis. Knecht Ruprecht musste einen tüchtigen Weg zurücklegen; denn das Gut liegt fünf ganze Meilen von hier.“
Frau Ellen legte den Arm um ihres Mannes Nacken.
„Nicht wahr, Paul, wir wollen auch nicht undankbar gegen die Fremde sein?“
„O, ich bin nicht undankbar; – aber – –“
„Was denn aber, Paul?“
„Was mögen drüben jetzt die Alten machen!“
Sie antwortete nicht darauf; sie gab ihm schweigend ihre Hand.
„Wo ist Harro?“, fragte er nach einer Weile.
Harro war eben wieder ins Zimmer getreten; aus einer Schachtel, die er mit sich brachte, nahm er eine kleine verblichene Figur und befestigte sie sorgfältig an einen Zweig des Tannenbaums. Die Eltern hatten es wohl erkannt; es war ein Stück von dem Zuckerzeug des letzten heimatlichen Weihnachtsbaums; ein Dragoner auf schwarzem Pferde in langem graublauem Mantel. Der Knabe stand davor und betrachtete es unbeweglich; seine großen blauen Augen unter der breiten Stirn wurden immer finsterer. „Vater“, sagte er

endlich, und seine Stimme zitterte, „es war doch schade um unser schönes Heer! – Wenn sie es nur nicht aufgelöst hätten – ich glaube, dann wären wir wohl noch zu Hause!“
Eine lautlose Stille folgte, als der Knabe das gesprochen. Dann rief der Vater seinen Sohn und zog ihn dicht an sich heran. „Du kennst noch das alte Haus deiner Großeltern“, sagte er, „du bist vielleicht das letzte Kind von den Unseren, das noch auf den großen übereinandergetürmten Bodenräumen gespielt hat; denn die Stunde ist nicht mehr fern, dass es in fremde Hand kommen wird. – Einer deiner Urahnen hat es einst für seinen Sohn gebaut. Der junge Mann fand es fertig und ausgestattet vor, als er nach mehrjähriger Abwesenheit in den Handelsstädten Frankreichs nach seiner Heimat zurückkehrte. Bei seinem Tode hat er es seinen Nachkommen hinterlassen, und sie haben darin gewohnt als Kaufherren und Senatoren, oder, nachdem sie sich dem Studium der Rechte zugewandt hatten, als Bürgermeister oder Syndici ihrer Vaterstadt. Es waren angesehene und wohldenkende Männer, die im Lauf der Zeit ihre Kraft und ihr Vermögen auf mannigfache Weise ihren Mitbürgern zugute kommen ließen. So waren sie wurzelfest geworden in der Heimat. Noch in meiner Knabenzeit gab es unter den tüchtigeren Handwerkern fast keine Familie, wo nicht von den Voreltern oder Eltern eines in den Diensten der Unserigen gestanden hätte; sei es auf den Schiffen oder in den Fabriken oder auch im Hause selbst. – Es waren das Verhältnisse des gegenseitigen Vertrauens; jeder rühmte sich des andern und suchte sich des andern wert zu zeigen; wie ein Erbe ließen es die Eltern ihren Kindern; sie kannten sich alle, über Geburt und Tod hinaus, denn sie kannten Art und Geschlecht der Jungen, die geboren wurden, und der Alten, die vor ihnen dagewesen waren.“ – Der Amtsrichter schwieg einen Augenblick, während der Knabe unbeweglich zu ihm emporsah. „Aber nicht allein in die Höhe“, fuhr er fort, „auch in die Tiefe haben deine Voreltern gebaut; zu dem steinernen Hause in der Stadt gehörte die Gruft draußen auf dem Kirchhof; denn auch die Toten sollten noch beisammen sein. – Und seltsam, da ich des inne ward, dass ich fort musste, mein erster Gedanke war, ich könnte dort den Platz verfehlen. – Ich habe sie mehr als einmal offen gesehen; das letzte

Mal, als deine Urgroßmutter starb, eine Frau in hohen Jahren, wie sie den Unserigen vergönnt zu sein pflegen. – Ich vergesse den Tag nicht. Ich war hinabgestiegen und stand unten in der Dunkelheit zwischen den Särgen, die neben und über mir auf den eisernen Stangen ruhten; die ganze alte Zeit, eine ernste schweigsame Gesellschaft. Neben mir war der Totengräber, ein eisgrauer Mann. Aber einst war er jung gewesen und hatte als Kutscher, den schwarzen Pudel zwischen den Knien, die Rappen meines Großvaters gefahren. – Er stand an einen hohen Sarg gelehnt und ließ wie liebkosend seine Hand über das schwarze Tuch des Deckels gleiten. ‚Dat is min ole Herr!‘, sagte er in seinem Plattdeutsch, ‚dat weer en gude Mann!‘ – Mein Kind, nur dort zu Hause konnte ich solche Worte hören. Ich neigte unwillkürlich das Haupt; denn mir war, als fühlte ich den Segen der Heimat sich leibhaftig auf mich niedersenken. Ich war der Erbe dieser Toten; sie selbst waren zwar dahingegangen; aber ihre Güte und Tüchtigkeit lebte noch und war für mich da und half mir, wo ich selber irrte, wo meine Kräfte mich verließen. – Und auch jetzt noch, wenn ich – mir und den Meinen nicht zur Freude, aber getrieben von jenem geheimnisvollen Weh, auf kurze Zeit zurückkehrte, ich weiß es wohl, dem sich dann alle Hände dort entgegenstreckten, das war nicht ich allein.“

Er war aufgestanden und hatte einen Fensterflügel aufgestoßen. Weithin dehnte sich das Schneefeld; der Wind sauste; unter den Sternen vorüber jagten die Wolken; dorthin, wo in unsichtbarer Ferne ihre Heimat lag. – Er legte fest den Arm um seine Frau, die ihm schweigend gefolgt war; seine lichtblauen Augen lugten scharf in die Nacht hinaus. „Dort!“, sprach er leise; „ich will den Namen nicht nennen; er wird nicht gern gehört in deutschen Landen; wir wollen ihn still in unserm Herzen sprechen, wie die Juden das Wort für den Allerheiligsten.“ Und er ergriff die Hand seines Kindes und presste sie so fest, dass der Junge die Zähne zusammenbiss.

Noch lange standen sie und blickten dem dunkeln Zuge der Wolken nach. – Hinter ihnen im Zimmer ging lautlos die alte Magd umher und hütete sorgsamen Auges die allmählich niederbrennenden Weihnachtskerzen.

Abseits

Die Wintersonne lag über der Heide; sie spiegelte sich in den Fensterscheiben eines neuen strohgedeckten Hauses, das in dieser Einsamkeit wie hingestellt war auf die braune, unabsehliche Decke des Heidekrautes. Nur seitwärts dahinter lag noch eine mäßig große Scheuer und neben derselben, dem Tore des Hauses gegenüber, ragte die lange Stange eines Brunnens in die Luft. Ein paar Schritte weiter ein niedriger Wall aus Sand und Steinen, der sich auch nach vorn um das Haus herumzog; und dann wieder nichts als der leere Himmel und die braune, gleichmäßige Ebene.

Das Gehöft lag in dem nördlichsten deutschen Lande, das nach blutigem Kampfe jetzt mehr als jemals in der Gewalt des fremden Nachbarvolkes war. Erbaut war es vor wenigen Jahren von einem wohlhabenden Kaufmann der kleinen Seestadt, deren Turmspitze man aus den Fenstern der Vorderstube am Horizonte erblickte. – Bald nach Beendigung des unglücklichen Krieges hatte er von mehreren Gemeinden, deren Feldmark hier zusammenstieß, die nicht unbeträchtlichen Bodenstrecken käuflich erworben.

Die Lage war für die Entstehung eines ländlichen Heimwesens günstig; denn einen Büchsenschuss nördlich von dem jetzt dort mit der Fronte gegen Abend schauenden Hause drängt sich ein mäßig breiter, fischreicher Strom durch die Heide, abwärts einem Landsee zu, der sein ovales Becken bis fast an die Stadt erstreckt.
Aber noch ein Anderes mochte der einsichtige Mann bei Abschluss seines Kaufes in Rechnung genommen haben. Die drunten vor der Stadt am Ufer des Sees gelegene herrschaftliche Wassermühle erforderte, nachdem das Getriebe bei einer Pachtveränderung erweitert war, eine größere Wassermasse, als der an Untiefen leidende See herzugeben vermochte. Die Anlegung eines Kanals durch denselben konnte nicht ausbleiben. Und, als bald darauf unten im See die Arbeiter den ersten Spatenstich taten, ließ auch der Herr Senator jenseit desselben die Gebäude auf seiner Heide bauen; denn nun hatte er die Gewissheit, das sumpfige Stromufer in grasreiche Wiesen verwandeln zu können. Noch im Herbste desselben Jahres standen das Wohnhaus mit der kleinen Tenne und dem Milchkeller, und hinter demselben die Scheuer mit den Stallräumen fertig da. Im Frühjahr darauf zogen die Kolonisten ein; in das Haus ein alter Knecht, eine kleine Magd und eine ältliche „Mamsell“, ein altes Inventarienstück der Familie; der Stallraum in der Scheuer wurde von zwei Ponys und einer Kuh bezogen; den Wassertümpel, der zwischen diesem und dem Wohnhaus lag, wusste Mamsell in Kurzem mit einer schnatternden Entenschar zu bevölkern und auf dem Dunghaufen, der sich allmählich daneben erhob, scharrte ein goldfarbiger Hahn mit einem halben Dutzend eierlegender Hennen. Zur Vervollständigung der Wirtschaft und sich zur Gesellschaft hatte außerdem der alte Marten noch einen kleinen Dachshund aufgezogen. – Mit diesen Kräften begann die allmähliche Urbarmachung des neuen Besitzes; und schon glänzten drunten gegen den Strom hin überall die sorgfältig gezogenen Abzugsgräben; und das zum ersten Mal in dieser Jahreszeit nicht überschwemmte Wiesenland versprach auf den Sommer eine reiche Heuernte.
Im Wohnhause selbst war hinter dem nach vorn hinaus liegenden Stübchen der Haushälterin ein großes Zimmer für die Herrschaft eingerichtet und nicht allein mit Tisch und Stühlen, sondern sogar

mit einem stattlichen Sofa versehen, das freilich für gewöhnlich von Mamsell sorgsam mit einem weißen Überzüge verhüllt gehalten wurde.
So konnte der Senator mit den Seinen in der Sommerzeit aus der unheimlich gewordenen Heimatstadt mitunter doch in eine Stille entfliehen, wo er sicher war, weder die ihm verhasste Sprache zu hören noch die übermütigen Fremden als Herren in die alten Häuser seiner vertriebenen Freunde aus- und eingehen zu sehen; aber wo im Glanz der Junisonne die blühende Heide lag, wo singend aus dem träumerischen Duft die Lerche emporstieg und drunten über dem Strom die weißen Möwen schwebten.

Jetzt war es Winter, ein weicher, nasser Tag ohne Frost und Schnee; obgleich es der Nachmittag des Weihnachtsabends war.
Droben das Haus stand leer, bis auf die Hühner, die in der matten Wintersonne sich vor der Tür im Sande streckten; die ganze kleine Menschenbesatzung schwamm drunten auf dem Strome in einem Flachboot, das eben in eine kleine schilfreiche Bucht hinabglitt. Auf dem Boden des Fahrzeugs kauerte die Magd neben einem Kübel, der schon mit Hecht und Karpfen fast gefüllt war; dahinter stand ein ältliches Frauenzimmer in einem dunkeln Wollenkleide. Sie schirmte die Augen mit der Hand, denn vor ihnen lag die Sonne blendend auf dem Wasserspiegel. „Sind seine Reusen noch nicht alle, Marten?“, fragte sie.
„Kann bald werden, Mamsell“, sagte der alte Knecht, indem er die Ruderstange gemächlich auf den Grund stieß.
Seitwärts im Schilf wurde das Gekläff eines kleinen arbeitenden Hundes hörbar. Marten, indem er selbstzufrieden nickte, zog die Stange ein und fasste rasch nach einer Flinte, die neben ihm im Boote lehnte. In demselben Augenblicke brauste dicht vor ihnen eine schwere Ente aus dem Schilf; der Knecht wandte sich und während die beiden Frauen einen Schrei ausstießen, knallte auch schon der Schuss über ihre Köpfe hin. Als sie sich umblickten, sahen sie den großen gelbbraunen Vogel unweit des Bootes scheinbar unverletzt auf dem Wasser schwimmen, das blanke, schwarze Auge unverwandt auf sie gerichtet. Als aber Marten Miene machte, mit dem

Boot in seine Nähe zu kommen, tauchte er dicht am Schilfe unter und verschwand. „Das beißt sich in den Grund", sagte der Alte verdrießlich und ließ die Arme hängen, „das sind boshafte Kreaturen, Mamsell."

Die Haushälterin sah mit einem Blicke des Mitleids auf den Punkt, wo das Tier verschwunden war. „Wenn er nur seine alte Donnerbüchse zu Hause lassen wollte", sagte sie.

„Ei ja, Mamsell, der gebratene Entvogel hätte morgen doch geschmeckt!" Dann wies er mit der Hand nach dem jenseitigen Ufer auf einen Strich verkrüppelten Buschwerks, das sich weit hinaus in die Heide dehnte, nur mitunter durch kleine Wassertümpel unterbrochen. „Dort liegen auch Bekassinen", fuhr er fort, „das gäb einmal ein Herrengut, wenn wir den Eichenbusch noch dazu hätten!"

„Wem gehört's denn, Marten?"

„Dem Bauernvogt unten im Dorf; er will hoch damit hinaus; aber der Herr sollt' es nicht fahren lassen; denn da steckt auch der Mergel und – den müssen wir haben." Mit diesen Worten hatte er die letzte Reuse aus dem Wasser gezogen und, da nur allerlei kleines Zeug darin zappelte, nach Befreiung der Gefangenen wieder hinabgelassen. Zugleich war auch der Hund aus dem Schilf ins Boot gesprungen und sah, sich schüttelnd und prustend, zu seinem Herrn empor. „Auf ein andermal, Teckel", sagte Marten, seinen Liebling auf das nasse Fell klopfend, „unsere Beine waren für dieses Mal zu kurz." Er hatte das Boot gewandt und schob es wieder stromaufwärts. Unterhalb des Hauses stiegen sie ans Land, zuerst auf einzelnen Feldsteinen über die Wiesen gehend, dann eine Strecke noch durch hohes Heidekraut bis zu dem niedern Wall, der das Gehöft von der umgebenden Ebene trennte.

Bald darauf hantierte die Magd mit dem Kaffeekessel in der Küche, während Marten die gefangenen Fische zwischen Graslagen in einen Korb verpackte, um sie der Herrschaft zur Abendtafel in die Stadt zu bringen.

Die Haushälterin trat in ihre Stube; gegenüber auf der alten Standuhr schlug es eben zwei. – Nachdem sie sich einen Augenblick die verklommenen Finger an dem Kachelofen gewärmt hatte, trat sie an eine messingbeschlagene Kommode und nahm aus verschiedenen Schubladen derselben ein neues schwarzes Wollenkleid, eine schneeweiße Haube und ein seidenes Tuch. „Es ist doch heilig Abend!“, sagte sie für sich. – Auch erwartete sie ja noch Besuch; nicht nur die Weihnachtsbriefe von ihrem Bruder, einem wohlstehenden Kaufmann in einem deutschen Nachbarlande, und dessen einzigem Sohne, der seit einigen Jahren auf einem größeren Gute die Landwirtschaft erlernte, sondern auch den alten Lehrer drunten aus dem Dorfe, wohin der Fußsteig hier vorbei über die Heide führte. Sie hatte ihn, da er am Vormittag in die Stadt ging, gebeten, die Briefe für sie von der Post mitzubringen.

Nun musste er bald zurück sein; und er hatte ja auch im vorigen Jahre sich zu einem Schälchen Kaffee Zeit gelassen. – Nachdem sie dann noch eine frische Serviette über das unter dem Fenster stehende Tischchen gebreitet, ging sie mit ihren Festkleidern in das nebenan liegende Schlafkämmerchen, um sich anzukleiden.

Es war eine halbe Stunde später. Marten und Teckel waren mit den Fischen in die Stadt gegangen, nachdem Ersterer noch das Fell einer kürzlich erlegten Fischotter über den Rücken gehangen hatte, das er bei dieser Gelegenheit zu verwerten dachte. In dem Stübchen drinnen stand auf der weißen Serviette ein sauberes Kaffeegeschirr;

Engelshaar in Originalverpackung, Schlagmetall um 1900

Vogel auf Nest mit Eiern, Chenille, Papier, Watte und Weide; Trommel aus Dresdner Pappe, beide 2. Hälfte 19. Jh.

die vergoldeten Tassen und die Bunzlauer Kaffeekanne blinkten in den schräg fallenden Sonnenstrahlen.
Vor dem Tische in dem großen Ohrenlehnstuhl saß der Schullehrer, ein ältlicher Mann, mit ernstem Antlitz und trotz der ausgeprägten Gesichtsformen mit jenem weichen Leidenszuge um die grauen Augen, der sich nicht selten unter den Friesen findet. Die Eigentümerin des Stübchens, in ihrem Festanzuge, der weißen Haube und dem lila Seidentüchlein, präsentierte eben ihrem Gaste die braunen Pfeffernüsse, die sie zuvor unter dem Ofen aus dem grünen Blechkästchen genommen hatte. „Die Frau Senatorin hat sie mir herausgeschickt“, sagte sie lächelnd. „sie bäckt sie alle Jahr zu Weihnachtabend.“
Der alte Mann nahm etwas von dem Backwerk; aber seine Augen hafteten mit einem Ausdruck von Verlegenheit an der andern Hand seiner Gastfreundin, die schon längere Zeit auf einem noch immer versiegelten Briefe geruht hatte: „Wollten Sie nicht lesen, liebe Mamsell?“, fragte er endlich.
„Hernach, Herr Lehrer; das ist meine Gesellschaft auf den Abend.“ Und sie strich mit leisem Finger über das Kuvert.
„Aber der Herr Senator hat Sie doch gewiss zum Christbaum eingeladen?“
Der Ausdruck ruhiger Güte verschwand für einen Augenblick aus dem etwas blassen Antlitz des alten Mädchens. „Es ist heute ein Tag des Friedens“, sagte sie, und ihre sonst so milde Stimme klang scharf; „ich mag nicht in die Stadt.“ Der alte Mann sah mit großen teilnehmenden Augen zu ihr hinüber.
„Ich bin zuletzt im Juni dort gewesen, seitdem nicht wieder“, fuhr sie fort; „wir hatten hier keine Blumen; aber in den Gärten der Stadt und auch am Hause unsers alten Bürgermeisters blühten sie. Der

gute Mann hat in die Fremde gehen müssen; aber die Rosen, die er selber pflanzte, hatten schon die ganze Fronte seines großen Hauses überzogen. Jetzt wohnt der neue Bürgermeister darin. Als ich im Vorübergehen die geputzten Kinder mit ihrem lauten fremden Geplapper die schönen dunkelroten Rosen vom Spalier herabreißen sah – mir war's, als müsste Blut herausfließen."
Ihr Gast schwieg noch immer; aber um seine Lippen zuckte es, als stiege ein Schmerz auf, den er vergebens zu bekämpfen suche.
„Wir sind mit dem Senator aufgewachsen", begann sie wieder, „mein Bruder und ich; wir waren Nachbarskinder." – Und mit diesen Worten trat ein Lächeln in ihr Antlitz, als blickte sie unter sich in eine sonnige Landschaft „Es waren arge Buben damals, die beiden", sagte sie, „sie haben mich was Ehrliches geplagt."
Mamsell hatte die Hände in ihrem Schoß gefaltet und blickte durchs Fenster auf die Heide hinaus. Das feuchte Kraut der Eriken glitzerte in dem Scheine der untergehenden Sonne; und wie schwimmend in Duft gehüllt stand fern am Horizont der spitze Turm der Stadt. Auch das alte Mädchen saß da, vom blassen Abendschein umflossen. Es war ein Antlitz voll stillen Friedens, in dem freilich der Zug des Entsagens auch nicht fehlte; aber er war nicht herbe, es mochte wohl nur ein bescheidenes Glück sein, das hier vergeblich erhofft worden war. „Nach unseres Vaters Tode", sagte sie leise, „war der Senator mir ein hülfreicher Freund, ich habe lange in seinem Hause gelebt, und später hat er mir dann auf meine Bitten diesen Posten hier gegeben. Es ist jetzt der rechte Platz für einen einsamen, alten Menschen."
„Aber", sagte der Lehrer und legte den Teelöffel sorgfältig über die geleerte Tasse, „hieß es nicht vor Jahren einmal, liebe Mamsell, dass Sie den ledigen Stand hätten verrücken wollen?"
Sie schlug die Augen nieder und strich mit der flachen Hand ein paar Mal über das Damasttuch. „Ja", sagte sie dann, indem sie auf ein getuschtes Profilbildchen blickte, das in einem Strohblumenkranze über der Kommode hing. „Vor Jahren, Herr Lehrer; aber es kam anders, als wir gedacht hatten."
Der Lehrer war aufgestanden und besichtigte das Bild. „Ja, ja", sagte er, „der alte Ehrenfried, wie er leibte und lebte, der Herr Senator ha-

ben bis zu seinem Tode große Stücke auf ihn gehalten; ich habe manches Päckchen Schnupftabak von ihm zugewogen bekommen."
Die Haushälterin nickte. „Ich mag es Ihnen wohl erzählen", fuhr sie fort, „Sie haben auch Ihre Lebensfreude, Ihren einzigen Sohn, in unserm Kriege dahingegeben, und haben ihm den schönen Spruch aufs Grab setzen lassen."
Der Alte beugte sich vornüber und legte seine Hand wie beschwichtigend auf den Arm seiner Freundin. „Das ist nun vorbei", sagte er, und seine Stimme zitterte. „Er starb für seine Heimat, für welche wir bald nicht mehr leben dürfen; denn auch in meiner Schule soll nächstens, wie es heißt, die deutsche Sprache abgeschafft werden. Mein Wirken ist dann zu Ende." – Der alte Mann seufzte. „Doch", fuhr er fort, „Sie wollten ja erzählen!"
Sie stand auf und füllte erst noch einmal die Tasse des Gastes und präsentierte ihm die Schüssel mit den Weihnachtskuchen. – „Mein Vater", begann sie nach einer Weile, „hatte einen kleinen Posten bei der Stadt und nur ein notdürftiges Einkommen, aber er saß nachts an seinem Pulte und schrieb Noten für die Klavierschüler des Organisten oder er fertigte die Rechnungen für die Armen- oder Klostervorsteher, die mit der Feder selbst nicht umzugehen wussten. Er war ein schwächlicher Mann und hat mit den vielen Nachtwachen sein Leben wohl verkürzt. Doch als er starb, fand sich für meinen Bruder und mich, die wir beide noch kaum erwachsen waren, ein kleines sauer verdientes Kapital. Es mochte für jeden wohl ein paar tausend Mark betragen." Sie schwieg einen Augenblick. „Über dieses Kapital", sagte sie dann, „das ich besaß, da Ehrenfried und ich unsern Verspruch taten, konnte ich späterhin nicht mehr verfügen."
„Nein, nein", setzte sie hinzu, da sie bemerkte, dass ihr Gast einen Blick des Vorwurfs auf das Bildchen an der Wand warf, „denken Sie nichts Unrechtes von dem Seligen, er hat nichts gegen mich verschuldet."
Der Schullehrer ließ sich diese Versicherung gefallen; denn auch das treuherzige Männergesicht, das dort so ruhig aus dem hohen Rockkragen herausschaute, schien gegen jeden derartigen Verdacht einen stummen Protest einzulegen.

„Wir beide“, fuhr die Erzählerin fort, „waren bald nach dem Tode des alten seligen Herrn in das Haus des Senators gekommen. Die Mutter lebte noch und der junge Herr freite damals um seine jetzige Frau; die Haushaltung ging wie zu den Zeiten des Vaters ihren ruhigen Gang; und es war eine regelrechte Haushaltung, Herr Lehrer, alles wie nach dem Glockenschlag der Amsterdamer Wanduhr, die unten auf der großen Hausdiele steht; das blieb auch so, als die junge Frau ins Haus kam. Der Ehrenfried schien ganz hineinzupassen; des Tages bediente er seine Kunden, des Abends saß er in dem kleinen Laden und klebte seine Düten oder brachte seine Bücher in Ordnung. Ich war meistens für die alte Frau da oder half auch wohl mit in der Haushaltung. So lebten wir nebeneinander hin, und die Jahre vergingen. Ehrenfried hatte wohl einmal den Wunsch geäußert, einen eigenen Kram zu beginnen; aber er sprach das nur so hin, als sei es für Leute seines Schlages doch nicht zu erschwingen; denn er war fast ohne Mittel. Die Zinsen seines kleinen Vermögens und ein gut Teil seines Verdienstes gab er einer älteren kränklichen Schwester. Das habe ich aber erst späterhin von ihm erfahren. – Ich hatte schon einige dreißig Jahre hinter mir und Ehrenfried mochte nah an die vierzig sein, da starb die Schwester, und er begann nun wohl mit Ernst auch an sich selbst zu denken.“

Die Alte warf einen liebevollen Blick auf das Bildchen in dem Immortellenkranz. „Sie wissen, Herr Lehrer“, sagte sie dann, „der Herr Senator hat einen Speicher in der kleinen Straße, die nach der Marsch hinuntergeht; dahinter ist ein großer Gemüsegarten, woraus für Winter und Sommer das ganze Haus versorgt wird. Eines Vormittags hatte die Frau Senatorin mich hingeschickt, um etwas Kraut zur Suppe zu schnei-

Christbaumanhänger, Glas, Dresdner Pappe und mit Schlagmetall vergoldete Erlenzapfen, vor 1900

den. Es war just am heiligen Pfingsttage – so etwas vergisst sich nicht, Herr Lehrer – man konnte über die niedrigen Stachelbeerzäune weithin auf die Nachbargärten sehen, wo die Leute in ihrem Sonntagszeug zwischen den Beeten umhergingen, denn es lag alles im klarsten Sonnenschein. Der blaue Flieder duftete, der überall an den Steigen wuchs, und drunten von der Marsch herauf hörte man die Lerchen singen. Ich hatte am Morgen einen liebreichen Brief von meinem Bruder erhalten, der seit Jahren mit Hülfe des Herrn Senators im Hannöverischen ein Kommissionsgeschäft errichtet hatte; es ging ihm wohl; er hatte Frau und Kind; aber er vergaß auch seine Schwester nicht. Die blaue Frühlingsluft war nicht heiterer als mein Gemüt dazumalen. So in Gedanken ging ich den breiten Steig hinab; als ich aber bei dem großen Holunderbusch um die Ecke biege – denn der Garten liegt hier im Winkel –, sehe ich Ehrenfried im braunen Sonntagsrock und mit der langen Pfeife zwischen den Spargelbeeten stehen. Er pflegte an Sonn- und Festtagen wohl ein wenig in der Gärtnerei zu hantieren. „Es gibt nicht viel, Mamsell Meta“, rief er mir zu, „die Beete sind zu alt. – Ja, ja, das Alter!“, setzte er wie mit sich selber redend hinzu; dann legte er die Hand mit der Pfeife auf den Rücken und begann wieder mit seinem Messer die Oberfläche des Beetes zu untersuchen. Da ich ebenfalls ein Messer in der Hand hatte, so trat ich an die andere Seite des Beetes. „Ich will Ihnen helfen, Herr Ehrenfried“, sagte ich, „vier Augen sehen mehr als zwei“, und zugleich hatte ich schon einen schönen weißen Spargel auf einer Seite bloßgelegt. Ehrenfried sah eine Weile zu mir hinüber. „Das ist richtig, Mamsell Meta!“, sagte er dann, indem er sorgfältig den Spargel aus der Erde hob. Wir gingen suchend an diesem und noch zwei anderen Beeten auf und ab, aber die Ernte war nur spärlich.
Als ich ihm mein Teil hinüberreichte, sagte er: ‚Für eine Person sind das zu viele und für zwei zu wenig.‘ Und er hatte dabei so einen eigenen Ton, Herr Lehrer, dass mir schon war, als spreche er das nur so sinnbildlich. ‚Freilich‘, erwiderte ich, ‚Herr Ehrenfried; aber wir haben schon die von gestern, und morgen gibt es wieder welche, und wenn wir dann übermorgen noch etliche bekommen, so reicht es für die ganze Familie.‘ Er tat einen Zug aus seiner Pfeife und stieß

Christbaumschmuck aus Lametta, teilweise verziert mit Oblaten, Glaskugeln und Watte unter Verwendung von Draht, 1875–1920

ein paar blaue Ringe in die Luft. ‚Ja', sagte er dann, ‚mit den Dingen, die unser Herrgott wachsen lässt, da macht sich das von selbst, aber …' – ‚Wie meinen Sie denn: aber, Herr Ehrenfried?' – ‚Ich meine mit den Kapitalien', sagte er, ‚die der Mensch sich sauer verdienen muss; da könnte das bisschen Leben leicht zu kurz werden.' Und ich verstand noch immer nicht, Herr Lehrer, wo das hinaus sollte. ‚Kann ich Ihnen in etwas dienlich sein, Herr Ehrenfried?', fragte ich. – ‚Sie wissen vielleicht, Mamsell Meta', fuhr er fort, ohne meine Frage zu beachten, ‚ich habe ein kleines Vermögen, ein sehr kleines, wovon meine Schwester bislang die Zinsen genossen hat. – Sie bedarf deren nun nicht mehr.' Und er schwieg einige Augenblicke und dampfte heftig aus seiner Pfeife. ‚Dieses kleine Vermögen', begann er dann wieder, ‚ist für mich allein zu viel, denn was ich bedarf, erhalte ich von unserm Herrn Prinzipal; aber es ist wiederum zu wenig, um ein eigenes Geschäft zu beginnen.' Und zögernd setzte er hinzu: ‚Sie besitzen auch von Vaters wegen eine Kleinigkeit, Mamsell Meta; was meinen Sie, wenn wir zusammenlegten? Ich denke fast – es würde reichen.' – Und sehen Sie, Herr Lehrer, so legte ich denn meine Hand in die seine, die er mir über das Gartenbeet hinüberreichte. Es war kein Übermut dabei, aber es war beiderseits doch treu gemeint. – Wir gingen noch eine Weile in dem großen Steige auf und ab und besprachen uns, dass wir die Sache noch geheim halten und beide noch ein paar Jahre in unserer Kondition bleiben wollten, damit wir die Ausstattung davon zurücklegen könnten. Mitunter standen wir still und hörten, wie noch immer drunten aus der Marsch die Lerchen sangen.

So gingen ein paar Jahre hin, und wir gewannen ein rechtes Vertrauen zueinander. Oft in der Morgenfrühe, wenn noch die Häuserschatten über der Gasse lagen, trafen wir uns draußen vor der Haustür. Wenn Ehrenfried hinausging, um die Eisenwaren auf dem Beischlag auszustellen, war ich schon draußen und putzte an der Tür den großen Messingklopfer. ‚Nun, Meta', sagte er dann wohl, ‚ich denke, wir werden unser Glück doch nicht verschlafen!' Er stand schon in Handel um ein kleines Haus und wir begannen es in Gedanken miteinander einzurichten; wir kannten schon jedes Stück Gerät in unseren Stuben und jeden Topf, der auf unserm Herde kochen sollte. Oft sprachen wir so in der Morgenstille miteinander, bis dann die ersten Bauerwagen die lange Straße herabklapperten und sich auf dem Markte aufstellten.

Es kam anders, Herr Lehrer. Der Krieg brach aus und niemand hatte Zeit, noch an sich selbst zu denken. Eines Mittags, da zuerst die Freischaren mit ihren Schlapphüten und Pistolen in die Stadt kamen, steht ein großer bärtiger Mann vor mir und reicht mir seinen Quartierzettel. Es schoss mir in die Knie, da ich ihm ins Gesicht blickte. Es war mein Bruder. ‚Christian!', rief ich, ‚was in Gottes Namen willst du jetzt hier?' – ‚Meta', sagte er, ‚das Herz ist immer noch zu Haus; es hat mir keine Ruh gelassen!' Und so hatte er das Geschäft einem Kompagnon anvertraut und Frau und Kind bei seinen Schwiegereltern untergebracht. Ehrenfried schüttelte den Kopf. ‚Was soll das nützen', sagte er, ‚wir haben junges Volk genug, die älteren werden schon später darankommen, sobald es nötig ist.'

Und als Christian ihn an den Schultern fasste: ‚Sei nicht so griesgrämig, Ehrenfried, und mach mir das Herz nicht schwer; es hilft doch nichts, ich muss schon jetzt mit dreinschlagen', da blieb er doch bei seinem Stück: ‚Es muss alles in der Ordnung sein.' Er hatte nun einmal so das Temperament nicht, Herr Lehrer. Aber auch der Herr Senator sah oft nachdenklich darein, wenn späterhin der Christian uns seine Kriegsberichte schickte. Endlich, wir müssen wohl sagen, leider Gottes, wurde es Frieden."

Der Lehrer nickte, aber er unterbrach seine Freundin nicht.

„Unsere guten Leute wurden in die Fremde getrieben, und die Fremden kamen und setzten sich im Lande fest. Mein Bruder saß wieder drüben in seinem Geschäft und bei seinen Büchern. Ich will keinem Unrecht tun; aber er mochte es doch wohl nicht in den rechten Händen gelassen haben; denn es war mir nicht entgangen, dass zwischen ihm und unserm Herrn plötzlich ein eiliges Schreiben hin- und widerlief; und als ich gelegentlich anfragte, drückte der Herr mir die Hand und sagte: ‚Sorge nur nicht zu sehr, Meta; in dem Kampfe um die alte Heimat ist er mit einer Schmarre davongekommen; er muss nun hinterher noch um die neue kämpfen; aber du weißt, dein Bruder ist ein tüchtiger Mann; und nun lass uns sorgen und geh du in deine Küche!' Ich sorgte aber doch; denn von Ehrenfried hatte ich gehört, dass auch unsern Herrn Senator schwere Verluste getroffen hatten.

Mittlerweile wurde es wieder einmal Frühling und es war mir fast, als wenn es von der Sonne käme, die nun so hell in den dunklen Laden schien, dass Ehrenfried eines Morgens wieder von einem Hauskauf zu reden anfing, und dass wir uns dann endlich das Wort gaben, auf den Herbst unsere Sache in Ordnung zu bringen. Wir hatten es schon auf den nächsten Sonntag festgesetzt, dass wir der Herrschaft unsere Heimlichkeit offenbaren wollten; da, am Freitag Nachmittag – wir sollten auf den Abend eine kleine Gesellschaft haben und ich war eben auf meine Kammer gegangen, um mich ein wenig anzukleiden – bringt mir der Ladenbursche einen Brief von meinem Bruder. Und da stand es denn geschrieben: er war am Bankerott. Aber mein Kapital, was ich von unserm Vater hatte, das – so schrieb er – konnte ihn noch retten. Ich verschloss den Unglücks-

brief in meine Schatulle; dann entsann ich mich, dass noch Radieschen zum Nachtisch aus dem Garten geholt werden sollten. Ich nahm ein Körbchen und schlich die Treppe hinab, um unbemerkt aus dem Hause zu kommen; denn ich hätte um alles jetzt dem Ehrenfried nicht begegnen mögen. Ich weiß nicht, wie ich hinten aus dem Hause und die kleine Straße hinab nach dem Garten gekommen bin. Vorn an der Pforte hätte ich fast den Herrn Senator umgerannt. ‚Ei, Meta', rief er, und hob lachend den Finger gegen mich, ‚mit der Küchenschürze über die Straße!' Aber so alteriert war ich, Herr Lehrer: das war mir all' mein Lebtage noch nicht passiert.
Es wurde schon Abend, und es gemahnte mich recht wie damals; denn der Flieder duftete und von unten aus der Marsch kam auch wieder wie dazumal ein sanfter Vogelgesang.
Aber ich ging mit dem leeren Körbchen in dem großen Steige auf und ab und zerriss mir unachtlich die Kleider an den Stachelbeerzäunen. Meine Gedanken verloren sich in die alte Zeit, in das Kämmerchen, wo mein armer Bruder und ich als Kinder in unseren schmalen Bettchen schliefen. Mir war wieder, als höre ich nebenan im Wohnzimmer die Schwarzwälder Uhr zehn schlagen; und nach dem letzten Schlage wird drinnen das Schreibpult abgeschlossen und mein Vater öffnet leise die Kammertür. Wie oft, wenn ich noch wachend lag, hatte ich heimlich durch die Augenlider geblinzelt, wenn er sich über seinen Liebling beugte und sorgsam das Deckbett über ihm zurechtlegte, damit nur keine Zugluft die nackten Gliederchen berühre; bis dann des Vaters Hand sich auch auf mein Haupt legte und ich von seinen Lippen einen Laut vernahm, den ich nicht verstehen konnte, aber den ich doch in meinem Leben nicht vergessen habe. – Die hülfreiche Hand unseres Vaters lag längst im Grabe; aber was sie mit saurem ehrlichen Fleiß erworben, das war noch da; ich hatte es und es reichte noch, um die Blöße seines Lieblings zuzudecken. – Und doch, was sollte aus Ehrenfried und mir nun werden? – Aber wir lebten ja geborgen, wir gaben nur einen Herzenswunsch daran; der arme Christian hatte sich nicht bedacht, da er alles hinter sich ließ, um seiner Heimat in ihrer Bedrängnis beizustehen.

So hatte ich in schweren Gedanken meinen Korb mit Radieschen gefüllt und trat nun aus dem Garten, dem kleinen Hause gegenüber, was dazumal dem Steinmetzen gehörte. Die Sonne spiegelte sich in den Fensterscheiben, und ich stand eine Weile und betrachtete es mir, denn es war dasselbe, um welches Ehrenfried in Handel stand. Da fielen meine Augen auf die goldene Inschrift eines neuen Grabsteins, der neben der Haustür an der Mauer lehnte; und, Herr Lehrer, ich las die Worte: „Niemand hat größere Liebe, denn die, dass er sein Leben lässet für seine Freunde."
„Evangelium Johannes, Vers dreizehn im fünfzehnten Kapitel", sagte leise der alte Mann im Lehnstuhl.
„Es war der Denkstein, den Sie für Ihren gefallenen Sohn bestellt hatten", – und die Erzählerin reichte ihrem Gaste die Hand, der sie schweigend drückte; „ich habe den Spruch seitdem nicht mehr vergessen. Es stand nun fest in mir, dass ich das Geld geben musste. – Aber als ich dann aus dem hellen Sonnenschein in unser großes dunkles Haus trat, fiel es mir doch wieder schwer aufs Herz, sodass ich's nicht von mir bringen konnte, bis auf den Abend. Als die Herren in der Oberstube an ihrem L'Hombre saßen, ging ich hinab in den Laden. Ehrenfried stand an der Bank und zählte Nägel in Pakete, was sonst der Lehrling zu tun hatte, aber der war zu seinen Eltern über Land. Ich erschrak fast, da ich seine Stimme hörte. ‚Nun, Meta', sagte er, ‚wo hast du denn gesteckt! Der Steinmetz ist bei mir gewesen von wegen dem Hause, und morgen – wird alles in Richtigkeit kommen.' – Es schoss mir in die Knie, und ich zitterte; denn er sah so seelenvergnügt dabei aus. Ich vermochte nur stumm den Kopf zu schütteln. ‚Was fehlt dir, Meta?', fragte er. ‚Nichts fehlt mir, Ehrenfried; aber wir dürfen das Haus nicht kaufen.' Und als er mich erstaunt ansah, erzählte ich ihm alles und was ich zu tun entschlossen war. Aber währenddessen wurde sein Gesicht immer ernster und strenger; und als ich zufällig niederblickte, sah ich, dass er sich mit dem Eisenstifte, den er in der Hand hielt, den Daumen blutig gerissen hatte. ‚Und du willst das Geld geben?', fragte er und seine Stimme klang so gleichgültig, als gehe das ihn selber gar nicht an. ‚Ja, Ehrenfried, ich kann nicht anders.' – ‚Nun freilich, Meta; dann reicht's nicht mehr.' – Er schwieg und begann wieder seine Nägel

einzuzählen. ‚Ehrenfried', sagte ich, ‚sprich doch zu mir; wir hatten's für uns beide bestimmt; du musst dein Wort mit dazu geben!' Aber ich bat umsonst; er sah nicht auf. ‚Wenn dir dein Bruder näher ist', sagte er, und begann seine Pakete einzuschlagen und wegzupacken. Indem wurde ich nach oben gerufen, und als ich nach einer Stunde wieder in den Laden hinabging, war Ehrenfried in seine Kammer gegangen. – Nur der Allmächtige weiß, was ich die Nacht mit mir gerungen habe; eine Stunde um die andere hörte ich unten vom Flur herauf die Wanduhr schlagen.
Ich konnte mein Leben nicht für meine Freunde hingeben, aber das bisschen Silber, Herr Lehrer, das konnte ich doch. Es war ja auch nicht um mich; ich sah wie eine Waage vor mir; auf der einen Schale war der Name ‚Ehrenfried' und auf der andern der meines Bruders; ich sann und sann, bis mir das Hirn brannte, aber es wurde nicht anders, wenn die eine Schale sank, so stieg die andere. – Ich mag wohl endlich eingeschlafen sein; denn als ich die Augen aufschlug, kam schon die Morgendämmerung durch die kleinen Scheiben, und als ich mich ermunterte, hörte ich draußen vor der Kammer auf dem Gange einen Schritt. Mitunter blieb es eine Weile an der Tür; dann ging es wieder vorsichtig auf und ab. Ich stieg aus dem Bett und kleidete mich an, und indem glaubte ich auch den Schritt zu kennen. Als ich bald darauf aus der Tür trat, stand Ehrenfried vor mir. Sein Gesicht war blass, aber freundlich. Er streckte mir schweigend seine Hand entgegen und hustete ein paar Mal, als ob er sprechen wollte. ‚Es hat nicht sein sollen, Meta', sagte er endlich; ‚wir wollen's dem lieben Gott anheimstellen.' Dann drückte er mir noch einmal die Hand, nickte mir zu und ging die Treppe hinab an sein Geschäft. – Noch an demselben Tage schrieb ich meinem Bruder. – – Zwischen mir und Ehrenfried ist dann von diesen Dingen nicht mehr die Rede gewesen; wir lebten wieder still nebeneinander fort, und allmählich war es zwischen uns fast wie es sonst gewesen; auch das ‚Du' gebrauchten wir nicht mehr, wenn wir, was selten geschah, einmal zusammen sprachen. Aber in den Garten hinter dem Speicher bin ich seitdem nicht gern gegangen, und wir haben uns auch niemals wieder dort getroffen. – Die Jahre vergingen, wir wurden alt, und die Stadt um uns wurde immer fremder."

Die Erzählerin schwieg. „Ich dächte“, hob der Lehrer an, indem er fast mit einer ehrfürchtigen Scheu auf seine Freundin blickte, „Ihr Herr Bruder sei ein Mann in auskömmlichen Verhältnissen; so ist er wenigstens in der Leute Mund.“

„Er ist es geworden, Herr Lehrer – später, und er hat mir das Darlehn auch bei Heller und Pfennig und mit allen Zinsen zurückbezahlt; aber es war kurz vor Ehrenfrieds Tode und schon in seiner letzten Krankheit. – – Ja, was ich sagen wollte, ein paar Tage vor seinem Ende, des Ehrenfried meine ich, war viel Besuch in seiner Kammer; die Gerichtspersonen waren dort gewesen, und auch unsern Nachbarn, den Goldschmied, hatte ich am Morgen herauskommen sehen. Als ich Nachmittags die Mixtur hineinbrachte, bat Ehrenfried, mich neben seinem Bette niederzusetzen. ‚Meta‘, sagte er, denn ich hatte ihm das vorhin erzählt, ‚das Geld wäre nun wohl wieder beisammen, aber das Leben ist indessen alle geworden. – Da hab ich nun, als ich so dagelegen, bei mir gedacht, es müsste doch schön sein, wenn einer, wo es just die rechte Zeit wäre, so einmal aus dem Vollen leben könnte und ohne Kümmernis. Uns ist es so gut nicht geworden und unseren Eltern auch nicht; mir ist, als hätten wir alle nur ein Stückwerk vom Leben gehabt. Und weiter hab ich mir gedacht, wenn unser Kapital zusammenkäme!‘ – – Und als ich das abwehren wollte, richtete er sich ungeduldig in seinen Kissen auf. ‚Nein, nein, Mamsell Meta‘, sagte er, ‚reden Sie mir nicht dazwischen!‘ – Und dann duzte er mich wieder und legte seine magere Hand auf meinen Arm. ‚Es ist ja nicht um dich, Meta, aber dein Bruder Christian hat einen Sohn; ich weiß, er hat ihn tüchtig angehalten und er wird einmal dein Erbe sein. Vielleicht, um was sich viele gemüht haben, dass es nun einmal einem zu einem ganzen Menschenleben helfen mag. Darum habe ich in meinem Testament meine verlobte Braut, die Jungfrau Hansen, zu meiner Universalerbin eingesetzt. Du wirst mir das nicht übel nehmen, Meta; wir haben es doch mal so im Sinn gehabt.‘ Und als meine Tränen auf seine Hand fielen, nahm er einen goldenen Ring aus einem Kästchen und steckte mir ihn an. ‚Der ist für dich allein‘, sagte er, ‚es schickt sich besser vor den Leuten, und‘, setzte er leise hinzu, ‚trag ihn auch zu meinem Gedächtnis!‘

Die alte Jungfrau schwieg und fasste wie liebkosend den schmalen Reif, den sie am Goldfinger trug. – - Es war jetzt fast dunkel in dem kleinen Zimmer; nur ein schwacher Abendschein drang durch die beschlagenen Fensterscheiben.
Der alte Lehrer war aufgestanden. „Wenn ich den Spruch auf meines armen Knaben Stein gelesen“, sagte er, „so habe ich bisher nur seiner dabei gedacht; aber“, setzte er hinzu und seine Stimme zitterte, „Gottes Wort ist überall lebendig.“
Er bückte sich, um seinen Korb mit den Festtagseinkäufen aufzunehmen, der hinter ihm in der Ecke stand. Mamsell Meta nötigte ihn, noch ein Weilchen zu verziehen, der Mond werde ja aufgehen. Er dankte; „die Meinen warten“ sagte er, „es ist noch eine Stunde Weges bis nach Haus.“ Da sie den Gast nicht halten konnte, zündete sie ein Licht an den verglimmenden Kohlen im Ofen an und packte noch eine große Düte mit den Weihnachtspfeffernüssen der Frau Senatorin, die sie alles Widerstrebens ungeachtet zu den anderen Dingen in den Korb legte; sie erkundigte sich auch – wie hatte sie es nur vergessen können! – nach dem zehnjährigen Töchterchen, dem Nesthäkchen ihres alten Gastes, und er schüttelte ihr die Hand und sagte nicht ohne eine kleine Feierlichkeit: „Ich danke für die Nachfrage, werteste Mamsell, sie wächst zu unserer Freude heran.“
Dann ging die Tür auf und die Magd trat herein; in vollem Anzug, den Hut auf dem Kopfe. „Ich bin fertig, Mamsell“, sagte sie; „wenn sonst nichts zu besorgen ist, so möchte ich nun zu meiner Mutter gehen.“
„Du kannst gehen, Wieb; sei aber morgen zeitig wieder da“, beschied Mamsell Meta. „Nimm auch dem Herrn Lehrer seinen Korb, du hast ja denselben Weg.“
Der alte Mann ließ sich das gefallen. „Sie ist ja mein Schulkind gewesen“, sagte er freundlich nickend.
„Und zeig dem Herrn Lehrer den Weg oberhalb über den neuen Steg“, fuhr Mamsell fort, „das spart ein Viertelstündchen.“
Wieb schüttelte den Kopf. „Das geht nicht“, sagte sie, indem sie den Korb des Lehrers nahm; „der neue Weg ist unter Wasser; wir müssen unterhalb über den alten Steg, und dann den Fußweg durch den Eichenbusch.“

Der Lehrer nickte. „Der Eichenbusch soll verkauft sein", bemerkte er beiläufig; „so hörte ich heute in der Stadt."
„Verkauft?", fragte Mamsell Meta; denn es fiel ihr ein, dass bei ihrer Kahnfahrt Marten gerade mit diesem Grundstück den Heidehof hatte vervollständigen wollen. „An wen denn verkauft, Herr Lehrer?"
„An einen Fremden; den Namen habe ich nicht gehört."
„Hm", dachte Mamsell Meta, „da ist also der Herr Senator diesmal doch zu spät gekommen."
Dann geleitete sie ihren Gast vor die Haustür. – Es war kalt, die Sterne standen schon am Himmel, nur ein schwacher Schein am Horizont zeigte, wo die Sonne verschwunden war. „Wie unruhig die Sterne sind", sagte der Alte noch, „wir haben Frostwetter, Mamsell Meta."
Meta stand in der Haustür und sah den beiden nach, wie sie gegen Westen den Fußsteig nach dem Bach hinabgingen. Das Dunkel der Heide hatte sie bald ihren Blicken entzogen; nach einer Weile aber wurden sie noch einmal in der Ferne sichtbar, auf dem Hügel drüben; fast übernatürlich groß erschienen ihr die Gestalten, wie sie sich schattenhaft gegen den schwachen Schein des Abendhimmels abhoben. Endlich waren sie ganz verschwunden. Dann hörte sie noch unten vom Bach her das Geräusch der Fußtritte auf dem Stege, und dann war alles still; sie war allein. Nur im Stall in der Scheune waren die kleinen Ponys und die Kuh, und daneben in dem Verschlag saß schlafend das Federvieh auf seinen Leitern; hinter ihr im Hause strichen ein paar scheue Katzen durch die dunkeln Räume. Leise drückte sie die Haustür zu und ging in ihre Stube.
Mit trockenem Heidereis und Torf brachte sie das Ofenfeuer wieder zum Brennen, dass es gesellig zu prasseln begann; dann, nachdem sie den Tisch abgeräumt und das Licht geputzt hatte, setzte sie sich in den Lehnstuhl und brach das Siegel ihres Weihnachtsbriefes. Sie las langsam und mit ganzer Andacht, und als sie an das Ende des Briefes kam, flog ein glückliches Lächeln über ihr Gesicht, und die Hand, welche ihn hielt, sank auf den Tisch. „Er kommt, endlich! nach zehn langen Jahren!", rief sie vor sich hin. Sie las die Stelle noch einmal, sie hätte nun auch Tag und Stunde wissen mögen;

doch es hieß nur: „In nächster Zeit.“ Sie musste sich begnügen. – „Aber warum hat denn der Junge, der Friedrich, nicht geschrieben? – Und auch das Bild, das mir versprochen wurde, ist nicht dabei!“ Die gute Tante wäre fast verdrießlich geworden. Aber sie besann sich; sie stand auf und ging mit dem Licht nebenan in die herrschaftliche Stube. Rasch öffnete sie das Schubfach einer Kommode, denn es war kalt hier, und die Möbeln mit ihren Überzügen standen unwirtlich in dem großen leeren Raume; dann, nachdem sie ein Päckchen alter Briefe herausgenommen, ging sie eilig damit in ihr heimliches Stübchen zurück. Bald saß sie wieder in ihrem Lehnstuhl und begann die Briefe sorgfältig durchzusehen. Endlich kam sie an den rechten Jahrgang; ein kleines Lichtbild lag dazwischen, das sie mit zärtlichem Wohlgefallen betrachtete. Es war das Porträt eines kräftigen, etwa vierzehnjährigen Knaben, dessen treuherzige Augen nicht ohne einigen Trotz unter dem buschigen Haar herausschauten. „Aber das war vor sechs Jahren“, sagte sie, „er muss ja jetzt ein ganzer Kerl sein.“ Und dann entfaltete sie den Brief ihres Bruders, der das Bild begleitet hatte. „Du wirst den Jungen nicht verkennen“, schrieb er, „auch über seiner Stirn erhebt sich jener widerspenstige Haarwirbel, den der selige Subrektor seinem Vater als eine Opposition gegen die Autorität der Schule auslegte und den er in der Numa-Pompilius-Stunde mir ebenso unermüdet als vergeblich niederzustreichen bemüht war.“ Sie lächelte; die kräftige Knabengestalt ihres Bruders stand vor ihren Augen. Sie sah ihn im Streit mit dem rotnasigen Stadtdiener, der keine Rutschschlitten auf dem abschüssigen Markte dulden wollte, und dann wieder zusammen mit seinem Freunde, dem jetzigen Senator, wie sie draußen im Sonnenschein am Deich lagen und ihre Drachen steigen ließen. „Und wenn ich sie zu Mittag rufen musste“, dachte sie weiter, „und sie mit ihrem Drachen dann wieder ein Stück weiter auf den Deich hinausrückten, und immer weiter, je mehr ich hinter ihnen herlief, bis sie mich denn am Ende richtig zum Weinen gebracht hatten.“ Und kopfschüttelnd setzte sie hinzu: „Das waren ein paar Gäste, sie kamen nie zu rechter Zeit nach Haus!“ – Immer hingebender blickte sie in die Perspektive der Vergangenheit, wo eine Aussicht immer tiefer als die andere sich eröffnete. Die damals so

traulichen Straßen ihrer Vaterstadt sah sie belebt von frischen rotwangigen Kindergestalten; sie gingen paarweise mit dem Schulsack über'm Arm in eifrigem Geplauder durch die Straßen; oder der Sommerabend war herabgekommen, und sie rannten, Knaben und Mädchen, auf ihren Spielplatz unter den Linden vor der Kirche; sie selbst überall dabei und derzeit, so dachte die alte Jungfrau, keineswegs die Stillste. „Nein, nein! eine wahre Hummel, ein Dreiviertelsjunge, wie der alte Senator immer gesagt hatte."
Sie schüttelte lächelnd den Kopf; dann, wie müde von all' der muntern Gesellschaft der Vergangenheit, lehnte sie sich zurück und faltete die Hände.
Aber die Ruhe war ihre Sache nicht. Bald saß sie wieder aufrecht und nachdem sie durchs Fenster einen Blick in die Nacht hinaus getan hatte, stand sie auf und verließ die Stube. Sie musste einmal horchen, ob in den Ställen alles ruhig sei.
Sie ging über die Tenne auf den Hof hinaus. Draußen, an den schweren Torflügel gelehnt, blieb sie stehen. Die Sterne blitzten über ihr; aber auf der Erde, hier gegen Osten, war es gänzlich finster, die Morgenstunde, wo dort am Horizont die Sonne aufgestiegen, war längst vorüber; nicht der leiseste Tagesschimmer war hier auf der Erde zurückgeblieben. Sie beugte sich vor und lauschte. Links vom Hause, ein wenig tiefer hinter dem kleinen Wassertümpel, lag die Scheuer mit den Ställen; aber es war alles ruhig, nur das Rupfen der Kuh an der Krippe war zu hören und mitunter ein Stampfen der kleinen Ponys. Fast unwillkürlich warf sie einen Blick in die Ferne, ob sie drunten im Moor die alte Eiche erkennen möchte, den einzigen Baum, der über Tag von hier aus zu entdecken war. Aber sie sah nur die Brunnenstange vor sich in die Nachtluft ragen; wenige Schritte dahinter begann der dunkele Zug der Heide und streckte sich von allen Seiten schwarz und undurchdringlich in die Nacht hinaus. Ein Luftzug regte sich; leise, langsam durch das rauschende Heidekraut hörte sie es auf sich zukommen. So war es da und zog vorüber, bis sich das Rauschen wieder in die Ferne hinter ihr verlor.
Da plötzlich unten vom Moor herauf schlug ein Tierschrei an ihr Ohr, heiser und gewaltsam. Die Alte schauerte, sie legte die Hand

auf den Griff des offen stehenden Tores; ihr war, als habe aus der ungeheuern leblosen Natur selbst dieser Laut sich losgerungen, als habe ihn die Heide ausgestoßen, die so schwarz und wild zu ihren Füßen lag. Und dann! Einige tausend Schritt in das Dunkel hinaus, sie wusste das wohl, stand noch der Pfahl und wurde von der Gemeinde des nächsten Dorfes noch unterhalten zum Gedenken, dass hier ein Bauernkind von Wölfen zerrissen worden war. Freilich, das sollte über hundert Jahre her sein; es gab längst keine Wölfe mehr im Lande, die mit heiserm Geheul durch die Finsternis trabten. – Aber konnten die Nebel der Heide sich nicht wieder zu diesen unheimlichen Tiergestalten zusammenballen, damit auch das Entsetzen, das nachts auf diesen Mooren lagerte, seine Stimme wiederbekäme?
Die Alte schüttelte sich ein wenig; denn die dunkeln Vorstellungen des Volksglaubens, welche die Einsamkeit dieser Küstengegend ausgebrütet, lagen auch in ihrer Seele. Aber sie wusste sich zu fassen. Sie räusperte sich ein paar Mal herzhaft und laut, damit sie nur wieder einen Ton der Menschenstimme vernehme; und gleich darauf bedachte sie es, dass ja dort unten, von wo der Schrei gekommen, der Bach durch das Bruchland gehe; es mochten zwei Ottern gewesen sein, die sich um einen Fisch oder um einen erhaschten Vogel gerauft. Ja, das war es gewesen; weiter nichts.
Wenn nur die Magd die Enten alle in den Stall getrieben hatte! Die eine mit der grünen Tolle pflegte dahinab an den Strom zu gehen und auch wohl einmal draußen zu bleiben. – Das Wässerchen, worauf sie am Tage ihr Wesen zu treiben pflegten, lag schwarz und glitzernd zu ihren Füßen. Sie ging vorsichtig an dem Rand der Pfütze zur Scheuer hinab und öffnete die Tür des Hühnerstalles, aber die Dunkelheit ließ nichts erkennen; nur hinten von der Leiter herab kam ein kurzes unwilliges Gekräh des großen Hahnes.
Mamsell Meta kehrte ins Haus zurück. Noch einmal, als sie den Torflügel hinter sich anzog, schlug aus der Ferne der Tierschrei an ihr Ohr. Hastig legte sie den großen Holzriegel vor; dann aber ging sie über die Tenne, an ihrer Stube vorbei, und trat dann aus dem vorderen Tor wiederum ins Freie. Das Licht in ihrem Stübchen warf durch die Fenster einen geselligen Schein hinaus, auch war

hier gegen Westen der Himmel lichter, und drüben, wohin ihre Augen blickten, lag die Stadt und das Haus ihrer Freunde. Ein heimliches Gefühl als wie von Menschennähe überkam sie. Aber die Stadt war nicht zu sehen, nicht einmal die Kirchturmspitze, die sie am Tage aus ihrem Stubenfenster sah, und ihre Augen hoben sich unwillkürlich zu der großen blitzenden Himmelsglocke, die in feierlicher Ruhe auf dem dunkeln Erdenrunde stand. Es war so still, dass sie droben das leise Brennen der Sterne zu vernehmen meinte. Und immer neue, immer fernere drangen, je länger je mehr, einer hinter dem andern aus dem blauen Abgrund über ihr. Und immer weiter folgte ihr Blick; ihr war, als flöge ihre Seele mit von Stern zu Stern, als sei sie droben mit in der Unendlichkeit. „Du großer, liebreicher Gott“, flüsterte sie, „wie still regierst Du Deine Welt!“ Ein roter Schein flog über den Himmel, es mochte der Strahl eines beginnenden Nordlichts sein; da gedachte sie des Weihnachtsabends und sagte: „Christkindlein fliegt!“ Die Strahlen breiteten sich aus und schossen bis zum Horizont hinab, und als ihre Augen folgten, gewahrte sie unten auf der Erde, dort, wo die Stadt lag, den Schimmer eines Lichtes. Sie nickte und dachte: „Nun zünden sie die Weihnachtsbäume an.“ – Aber es fiel ihr ein, sie hatte abends nie die Lichter der Stadt gewahren können, denn eine Erhöhung des Bodens lag dazwischen, auch wenn es doch nicht gar zu fern gewesen wäre. Und jenes Licht vor ihr, es blieb auch nicht an einer Stelle, es wanderte und strahlte seitdem schon weiter rechts, oben wo die große Straße entlangführte. Auch war es offenbar viel näher, als es ihr zuerst geschienen, und jetzt hörte sie drüben auf dem Steindamm der Chaussee einen Wagen rasseln, und der Schall und das Licht kamen immer näher und waren endlich fast in gleicher Richtung mit dem Hause. Plötzlich hörte das Getöse der Räder auf, aber der Schein brannte fort; es war kein Zweifel, der Wagen musste von der Chaussee auf den Feldweg gefahren sein, der von dort fast in gerader Richtung auf das kleine Gehöft führte. Und nun hörte sie auch das Schnauben der Pferde und das dumpfe Rumpeln der Räder auf dem unebenen Heideboden. Dann noch ein Peitschenknall, und eine kleine Halbchaise, an welcher vorn zwei Laternen brannten, rollte durch die Lücke des Walles und hielt in dem hellen

Schein, der aus den Fenstern brach. In demselben Augenblick vernahm sie auch das Gekläff ihres kleinen Teckels, und schon arbeitete er freudewinselnd mit beiden Vorderpfoten an ihr empor.
„Da wären wir, junger Herr!“, rief Martens bekannte Stimme, der nun vom Kutscherstuhl über das Rad hinabkletterte und dann das Deckleder vor der Chaise zurückschlug. „Guten Abend, Mamsell!“
Mamsell nickte nur schweigend; sie wusste nicht, was das bedeuten solle. Aber schon wurde sie von einem stattlichen jungen Mann begrüßt, den sie erstaunt und knicksend in die Stube nötigte. Ein paar Mal, während sie eilig die Briefe auf dem Tische zusammenräumte, wanderte ihr Blick stutzig und forschend zwischen seinem Antlitz und dem noch vor ihr liegenden Lichtbildchen hin und wider. Als er aber nach Ablegung seiner schweren Wildschur mit der Hand über das buschige braune Haar strich und der eigensinnige Wirbel sofort wieder emporschnellte, da flog ein Lächeln glücklicher Gewissheit über ihr Gesicht. Sie streckte beide Arme nach ihm aus; und: „Meine liebe Tante Meta!“, rief der junge Mann. Und das alte Mädchen, das noch eben so allein gewesen, hielt plötzlich einen ihres Blutes in den Armen; und ein stattlicher Junge war’s.
„Aber wo ist dein Vater?“, begann sie nach einer Weile, während der Neffe fast verlegen geworden wäre unter dem langen, zärtlichen Blick der Tante. „Er wollte ja doch selber kommen?“
„In der Stadt, Tante Meta; und ich bin hergeschickt, um dich zu holen.“
Sie wurde unruhig, zitternd in großer Erregung ging sie in der Stube umher; planlos griffen ihre Hände nach dem und jenem und legten es wieder fort. „Aber ich habe die Magd ja fortgeschickt!“, sagte sie.
„Aber, Tante, dein alter Marten ist ja wieder da.“
Und sie ging an den Ofen und nahm die Kaffeekanne aus der Röhre. „Ich will mich fertig machen, Friedrich. Trink indes ein Tässchen und setze dich in den Lehnstuhl!“
So, während sie dazwischen bald eine Pfeffernuss auf seine Tasse legte, bald aufs Neue wieder einschenkte, hatte sie endlich ihre Pelzkappe aufgesetzt und sämtliche Mäntel und Tücher umgetan. Fast hätte ihr jetzt der Mut gefehlt, ihren jungen Gast zu stören; er saß so

lächelnd da, und wie ihm alles schmeckte! Aber die Sehnsucht nach ihrem Bruder gönnte ihr nun selbst keine Ruhe. Nachdem Marten hereingerufen und gehörig instruiert war, traten sie reisefertig vor die Haustür. Der Mond war indessen aufgegangen; unten von den Wiesen blinkte der Strom herauf. Friedrich, während er die Tante in den Wagen hob, stand noch einen Augenblick und sandte wie prüfend seine Augen über die ungeheure dunkle Fläche. „Und das ist das Wasser, Tante, wo ihr heute die großen Karpfen gefangen habt?"
„Freilich, Friedrich, und den schönen Hecht nicht zu vergessen."
„Und dort über dem Wasser liegt der Eichenbusch?"
„Woher weißt du denn das alles, Junge?", rief Tante Meta aus dem Fond der Chaise.
„Nun, was hätte dein alter Marten mir denn unterwegs erzählen sollen? – Aber mehr Leute müsstest du haben, und jüngere", rief er, indem er zu ihr in den Wagen stieg, und es klang der Tante fast ein wenig übermütig, als er lachend und ihre Hand ergreifend hinzusetzte: „Ihr seid hier eine gar zu ehrenfeste Gesellschaft!"
Ihre Antwort verhallte in dem Geräusch des abfahrenden Wagens. Bald hatten sie die Chaussee erreicht, und nach Verlauf einer kleinen Stunde rollten sie über das Straßenpflaster der Stadt. Hier und da sahen sie im Vorüberfahren noch einen verspäteten Weihnachtsbaum brennen; im Allgemeinen schien die eigentliche Feierstunde schon vorüber, nur die bettelnden Haufen der kleinen Weihnachtssänger zogen noch unermüdlich von einer Tür zur andern. Ein paar große Gebäude waren besonders hell erleuchtet; aber Tante Meta schloss die Augen, als sie daran vorüberkamen; denn hier wohnten die „neuen Beamten", wie sie noch immer von ihr genannt wurden, obgleich schon ein ganzer Nachwuchs für sich und die verhasste Sprache Geburts- und Heimatsrechte der deutschen Stadt in Anspruch nahm.
Auf dem Markte vor dem stattlichen Hause des Senators hielt der Wagen. Die Frau Senatorin empfing ihre alte Freundin an der Tür. „Nicht wahr, Meta", sagte sie, indem sie auf die große Außendiele traten, „weniger tat es nicht, um dich zu deinen Freunden in die Stadt zu bringen?"
Meta war zu bewegt, um zu antworten. Während die Magd ihr die Reisekleider abnahm, blickte sie zur Linken in den geräumigen

Kaufladen, wo sie einst mit Ehrenfried in mancher Morgenfrühe vergebliche Pläne für ein bescheidenes Lebensglück entworfen hatte. Aus der Wohnstube an der andern Seite des Flurs hörte sie zwei Männerstimmen in lautem Gespräch; die eine kannte sie, die andere war ihr fremd geworden. Die Sprechenden mochten beide die Ankunft des Wagens überhört haben.

Als Meta mit ihrem Neffen hereintrat, sah sie neben dem Senator einen kräftigen älteren Mann mit lebhaft gerötetem Antlitz am Ofen stehen; das volle buschige Haupthaar war schneeweiß. Mitten in seiner lauten Rede brach er ab und sah sie wie zweifelnd mit seinen dunklen Augen an, aber in demselben Augenblicke hielt er die alte Schwester in den Armen.

„Da hast du ihn, Meta", rief der Senator, „es ist noch immer der alte Hoffegut. Wo der keine Rosen sieht, da werden niemals welche wachsen!"

Dann kam die Freude des Wiedersehens; ein langes, inniges Gespräch; ein stilles, gegenseitiges Betrachten. Aber der Erzähler war meist der Bruder; während er vor ihr stehen blieb, hatte sie sich, wie von dem Übermaße der Freude niedergedrückt, auf einen Stuhl gesetzt. Ihre Hände auf die Knie gelegt, sah sie zu ihm empor und lauschte seinen Worten. Fast blieb die Tasse dampfenden Tees unberührt in ihrer Hand, welche die Senatorin ihr gereicht hatte. „Ja, ja, Christian", sagte sie, „dein Gesicht ist noch das alte; es lässt nur anders bei den weißen Haaren."

„Meinst du", rief er lachend, „aber sie lassen sich auch noch jetzt von keinem Schulmeister niederstreichen. Versuch es nur!" Und er legte die Hand der Schwester auf sein Haupt. „Und nun genug von der Vergangenheit, wir wollen den Weihnachtsabend nicht vergessen!" Dann seinem Sohne und dem Senator einen Wink gebend, führte er sie in das gleichfalls erhellte, hinter der Wohnstube gelegene Zimmer; die andern folgten nach. – Es brannte hier kein Weihnachtsbaum; in diesem Hause hatte seit vielen Jahren keiner mehr gebrannt, denn der Senator war kinderlos. Aber auf dem mit einem grünen Teppich bedeckten Tische standen, jeder mit drei brennenden Kerzen, die sonst nur für die Festtafel bestimmten silbernen Armleuchter; zwischen den Leuchtern vor des Senators emaillier-

tem Schreibgeschirr lag ein beschriebenes Blatt Papier, daneben eine frisch geschnittene Feder.
Meta sah ihren Bruder fragend an.
„Schwester“, sagte er, „du bist es, die bescheren soll; noch einmal sollst du deine gesegnete Hand auftun und diesmal, denke ich, dir zur Freude.“
Und seine Hand auf den beschriebenen Bogen legend, fuhr er fort: „Wir haben die Punktationen eines Kaufkontrakts über den Heidehof aufgesetzt: Verkäufer ist unser Freund Albrecht hier, als Käufer sind aufgeführt die Geschwister Meta und Christian Hansen. Die Vollziehung einer andern Punktation über den Eichenbusch – denn der, wie die Sachverständigen und dein alter Marten sagen, gehört notwendig mit dazu – wartet nur auf den Abschluss dieses Handels.“
„Also du“, sagte Meta, „warst der Käufer?“
„Ich nicht allein, Schwester; du musst allerwegen mit dabei sein; denn meine Kräfte reichen hier nicht zu. – Ich selber kann nicht bleiben“, fuhr er fort, indem er mit begeisterter Zärtlichkeit auf seinen Sohn blickte, „ich muss zurück an meinen Herd, aber ich schicke einen Jüngeren, der die Sache aus dem Fundament gelernt hat. Schon im Februar mag der Friedrich seinen Einzug bei dir halten und dann könnt ihr bauen und Mergel graben und Heide brennen nach Herzenslust, damit, wenn ich nach ein paar Jahren wiederkehre, aus der braunen Steppe ein grünes Heimwesen mir entgegenleuchte. – Wir wollen einen jungen festen Fuß auf unsere heimatliche Erde setzen; denn trotz alledem“, und seine Stimme sank bei diesem Worte, „ich lasse es mir nicht nehmen, die Herrlichkeit der deutschen Nation ist im Beginnen; und wir von den äußersten deutschen Marken, wir Markomannen, zu Leid und Kampf geboren, wie einst ein alter Herzog uns geheißen – wir gehören auch dazu!“
Der Senator hatte still daneben gestanden. „Du irrst dich, Christian“, sagte er jetzt; „es rührt sich keine Hand um uns; oder“ – und er nahm ein Zeitungsblatt neben sich von der Kommode, „wie es hier geschrieben steht:

Die fremde Sprache schleicht von Haus zu Haus
Und deutsches Wort und deutsches Lied löscht aus;
Trotz alledem – es muss beim Alten bleiben:
Die Feinde handeln, und die Freunde schreiben."

Aber der alte Freischärler legte die Faust vor sich auf den Tisch, und die tiefe Narbe über der Stirn begann zu leuchten. „Mögen sie schreiben!", rief er, „das rechte Wort wandert landaus und -ein, rastlos und unantastbar, bis es sein Fleisch und Bein gefunden hat. Langsam geht es, langsamer als anderswo; aber" – und die breite germanische Männergestalt richtete sich in ihrer ganzen Höhe auf – „das Wachstum der Eiche zählt nur nach Jahrhunderten. Lass dich nicht irren von dem, Schwester! – Lies nur die Bedingungen; der Verkäufer hat uns nirgends übervorteilt."

Sie hatte teilnehmend diesen Reden zugehört. Nun, während der Senator schweigend seine Zeitung zusammenfaltete, nahm sie das Schriftstück und begann es aufmerksam zu lesen. Die Hand, welche das Blatt hielt, zitterte; aber ihr Antlitz verklärte sich wie von junger aufstrebender Hoffnung, da doch das Leben sich schon abwärts neigte.

Der Bruder stand ihr gegenüber; die Arme untergeschlagen, gespannt zu ihr hinüberblickend. – Sie hatte ihn wohl verstanden; er wollte ihr nach Kräften einen Ersatz der Lebensgüter bieten, auf die sie einst durch jenes schwesterliche Opfer hatte verzichten müssen. Sie blickte empor und die Augen der Geschwister begegneten sich. „Du willst mir gar nichts schuldig bleiben!", sagte sie schüchtern; „aber Christian, du zahlst dich arm dabei."

Der lebhafte Mann schüttelte sein buschiges Haupthaar, als wolle er das Gefühl abschütteln, das ihn überkam. „Nein, nein!", rief er, die Hand wie abwehrend vor sich hinstreckend; „aber ich dächte, Schwester, du hülfest gern deinem Bruderssohn zu Haus und Hof!"

Sie sah ihn an und lächelte; aber noch einmal verschwand das Lächeln für kurze Zeit von ihrem Antlitz, und sie blickte mit fast schmerzlichem Ausdruck auf das vor ihr liegende Schriftstück. Sie mochte des Toten gedenken, über dessen kleinen Schatz sie jetzt auch verfügen sollte. – Dann nach einer Weile tauchte sie die Feder ein und schrieb. „Für mich – und Ehrenfried!“, sagte sie.

Der Senator ergriff die Hände des jungen Mannes, der schweigend das Ende der Verhandlungen abgewartet hatte. Sein etwas finsteres Auge ruhte mit Wohlgefallen auf der festen, ausgeprägten Stirn des Jünglings. „Weil du es denn gewollt“, sagte er, zu seinem Freunde hingewandt, „dein Sohn soll uns willkommen sein. – Und morgen Weinkauf auf dem Heidehof! Nein, Meta, sorge nur nicht; wir kannten dich ja – die Braten sind schon alle hier gemacht.“

Nachwort

Von älteren Männern sagt man gelegentlich, dass sie kindisch werden; Storms Tochter Gertrud vermittelt uns in einigen Beiträgen über ihren Vater ein Bild, das diesem Klischee vollkommen zu entsprechen scheint. Kaum erinnert sich die erwachsene Frau an Weihnachten, so tritt ihr Vater mit einem geheimnisvollen Gesicht in das festlich geschmückte Wohnzimmer ein, sieht seine Kinder innig an und spricht mit leiser, „wie von Musik getragener Stimme“ nur das eine Wort: „Weihnachten“.

Die Erinnerung an das Familienfest hat sich bei dem jungen Mädchen, das später zur Biografin seines Vaters wurde, tief eingeprägt, und das aus gutem Grund. Bei den Storms galt Weihnachten als das bedeutendste aller Familienfeste und wurde ausgiebig gefeiert; das Familienoberhaupt spielte dabei eine herausragende Rolle. Bereits als Kind bedeutete Theodor Storm das Christfest viel, und später hat er als Familienvater fast vier Jahrzehnte einen Kult um die Weihnachtstage betrieben, der seinesgleichen sucht.

Weihnachten in Husum, das bedeutete in bürgerlichen Kreisen der ersten Hälfte des 19. Jahrhunderts ein großes Familientreffen, bei dem ausgiebig gegessen und getrunken wurde. Dass es sich um ein Hauptfest der Christenheit handelt, bei dem der Menschwerdung Gottes und seines Heilsversprechens gedacht wird, war nach der Zeit der Aufklärung längst in den Hintergrund gedrängt worden. Der Familienverband als zentraler Bezugsrahmen, innerhalb dessen sich das Leben des Einzelnen vielfältig entfaltete, benötigte nun einen angemessenen Rahmen. Diesen boten Anlässe wie Hochzeiten, Taufen, Beerdigungen und eben das Weihnachtsfest, bei dem sich die Großfamilie versammelte: Vater, Mutter, die Großeltern, Tanten und Onkel und natürlich die Kinder. So hat es Theodor Storm als Kind im Kreise seiner Geschwister selbst erlebt, so hat er es als Vater von acht Kindern und später als Großvater vieler Enkel ausgiebig zelebriert.

Schon in der 1840er-Jahren erwähnt er in seinen Briefen den großen Tannenbaum, dessen Spitze bis an die Decke reichte und der

nicht nur mit Kerzen bestückt, sondern auch mit umfangreichem Dekor geschmückt wurde, mit Äpfeln, Nüssen und Zuckerzeug. Wie sehr die christliche Botschaft bereits in den Hintergrund getreten war, lässt die Dekoration des Baums erkennen, den Storm mit seinen Studienfreunden zum Weihnachtsfest 1840 in Kiel aufstellte: „von der Spitze zu jeder Seite hinab hängen zwei lange, weißseidene Fahnen, auf der einen die Wappen von Schleswig und Holstein, darunter der Königsausspruch, der die bleibende Vereinigung dieser beiden Herzogtümer ausspricht: ‚wie laven dat Sleswik und Holsten bliven ewig tosamende ungedeelt!' – auf der andern Fahne das Husumer Stadtwappen, als Umschrift ein Vers aus dem alten Studentenliede: ‚Süßer Traum der Kinderjahre, kehr noch einmal uns zurück.'"
Diese Funktionalisierung des Weihnachtsbaums zu einem Symbol des politischen Manifests für die nationale Unabhängigkeitsbewegung im Herzogtum Schleswig, das damals Teil des Königreichs Dänemark war, lässt sich aus dem hohen Stellenwert erklären, dem der Kampf um Sprache und Nationalität vor der bürgerlichen Revolution von 1848 vor allem in den Herzogtümern zugewiesen wurde. Zehn Jahre später, nachdem die Blütenträume eines geeinigten deutschen Vaterlands geplatzt waren, verzichtete der junge Familienvater Theodor Storm fast völlig auf politische Symbole zum Weihnachtsfest. Von nun an galt es, kleinen Kindern etwas zu bescheren; also hängte man Frösche, Affen, gelbe Wurzeln, nackte Wachskinder, Glaskugeln, vergoldete Eier, Walnüsse und Pflaumen, Rosinengirlanden, Rauschgoldstreifen und mit Bonbons gefüllte weiße Papiernetze in den Baum; als Konzession an die politische Gegenwartsstimmung aber auch schleswig-holsteinische Dragoner und Trommelschläger.
Der Weihnachtsbaum blieb in den folgenden Jahrzehnten der Mittelpunkt der Storm'schen Weihnacht. Selbst in den Jahren des Exils, als die Familie zunächst in Potsdam und danach für acht Jahre im thüringischen Eichsfeld wohnte, wurde der Baum in gleicher Weise wie zuvor in Nordfriesland geschmückt. In der Heiligenstädter Zeit (1856–1864) kamen vergoldete Tannen- und Fichtenzapfen sowie Erlensamen hinzu; hier erfand Sohn Ernst auch den

„Märchenzweig", einen Lärchenzweig, der mit Schaumgold überzogen wurde. In der Zeit des zweiten Husumer Aufenthalts (1864–1880) hängte man Puppen aus Wachs und Papiermaschee sowie Engelsfiguren aus Nürnberg in den Baum, dessen Spitze ein goldener Stern schmückte. Seit 1880 wurde in der großzügigen Villa in Hademarschen, wo Storm bis zu seinem Tode wohnte, zunächst silbernes Lametta, bald auch goldfarbenes in den Baum gehängt. Außerdem erwähnt Storm in der Novelle „Unter dem Tannenbaum" noch folgenden Baumbehang, der mittels lichtgrüner Seidenbänder befestigt wurde: Marzipanfiguren (Eichhörnchen, Hase, Himbeeren, Erdbeeren), Figuren aus dem süßen pflanzlichen Tragant (Hornissen, Hummeln, Honigwaben) und aus Schokolade (Hirschkäfer) sowie Tiere aus Papiermaschee (Schmetterlinge, Dompfaff, Buntspecht, Goldhörnchen oder Zeisige sowie Kreuzschnäbel und Rotkehlchen mit ihrem Nest).
Lässt man die Objekte Revue passieren, die bei den Storms zwischen 1840 und 1888 den Weihnachtsbaum schmückten, so erhält man einen guten Überblick, der den Traditionswandel von der Biedermeierzeit zu den Gründerjahren veranschaulicht. Vor 1850 dominierte der selbst gebastelte Baumschmuck, bei dem die regionalen Besonderheiten Norddeutschlands auffallen: In der Natur vorgefundene Objekte wie Nüsse, Tannen- und Erlenzapfen sowie Trockenpflaumen wurden vergoldet; Rosinen auf Fäden zu Girlanden aufgezogen, die beim Kerzenlicht des brennenden Baumes wie Bernsteine leuchteten. Besuchern aus anderen deutschen Regionen mag auch aufgefallen sein, dass man in Husum vor der Erfindung von Glaskugeln vergoldete Eier in den Baum hing. Seit Beginn der 1860er-Jahre kommt handwerklich produzierter Baumschmuck aus Glas in Mode, später ersetzt industriell gefertigtes Lametta das traditionelle Knittergold.
Beim Verzieren von Baumbehang bediente man sich des Christbaumgoldes, des Schaumsilbers und der Bronze. Das waren Metallprodukte, die der Handel speziell in der Vorweihnachtszeit anbot, um damit diverse Objekte einzufärben, die dann an den Tannenbaum gehängt werden konnten. Ähnlich wie das Blattgold der Juweliere wurde Messing zu hauchfeinen Plättchen geschlagen, die

man auf einen entsprechend vorbereiteten Untergrund auftragen konnte. Dazu strich man Eier, Nüsse usw. mit verschlagenem Eiweiß ein und konnte nach einem Trocknungsprozess mithilfe von feinen Pinseln das blattgoldartige Messing auftragen. Ähnlich machte man es mit Stanniol und Bronzestaub. Wenn man dann die so veredelten Objekte mit einem feinen Tuch abrieb, waren sie im Kerzenglanz von echt versilberten oder vergoldeten Objekten kaum noch zu unterscheiden.
Eine Besonderheit des Weihnachtsbaumschmucks der Storms waren die Netze; dafür wurden weiße Papierblätter kunstvoll gefaltet und dann mit einer Schere so aufgeschnitten, dass sich beim Auseinanderfalten ein feines Netzwerk ergab, in das sorgfältig in farbige Tonpapiere eingewickelte Bonbons gelegt wurden, die man dann an grünen Seidenbändern in den Baum hängen konnte. In all diese Vorbereitungsarbeiten bezogen Constanze und Theodor Storm die Kinder mit ein, und Dorothea, die zweite Frau des Dichters, hat es nach dem Tode von Constanze ebenso gehalten. Auch befreundete Ehepaare kamen, um beim Schmücken des Baumes zu helfen.
Die Tatsache, dass Storm in seinen Briefen an Freunde und Bekannte so häufig und mit solcher Intensität von seinen Weihnachtsvorbereitungen spricht und schreibt, mag auf den ersten Blick verwundern, da doch bekannt ist, dass der Dichter mit christlichen Symbolen nicht viel im Sinn hatte; sein Verhältnis zur Kirche war mehr als unterkühlt, der christliche Glaube bedeutete ihm wenig, er war kein regelmäßiger Kirchgänger und bedurfte der Institution Kirche nur dort, wo es unumgänglich war, etwa bei der Legitimation seiner beiden Ehen, da eine Ziviltrauung damals noch nicht möglich war. Die bürgerliche Familie, wie sie Theodor Storm sich vorstellte, gewinnt ihre Grundlage aus der gelungenen Beziehung von Mann und Frau; hier liegt die Quelle für Freud und auch für Leid, wenn diese Beziehung misslingen sollte. Wie kommt es dann aber, dass ein Mensch, den man getrost als einen Agnostiker bezeichnen kann, so viel emotionale Energie auf eines der zentralen Feste des Christentums verwendet hat?
Das Weihnachtsfest hatte sich im 19. Jahrhundert immer mehr von einem christlichen zu einem Familienfest gewandelt; vor allem im

Bürgertum wuchs die Bedeutung der Familie als der Mittel- und Angelpunkt des Lebens. Der Mann war für den Außenbereich zuständig, hatte den Beruf und musste für die ökonomische Grundlage des Familienlebens sorgen; der Frau oblag die Hauswirtschaft und die Aufzucht der Kinder. Diese ursprüngliche Versorgungsgemeinschaft wurde mehr und mehr ideologisch überhöht, es entstand das Bild der liebevollen Hausfrau, die dem Manne die Geborgenheit und Wärme zu vermitteln hatte, deren er bedurfte, um zu Hause im Kreise der Lieben von den Anstrengungen der Erwerbstätigkeit auszuruhen und neue Kräfte für die harten Auseinandersetzungen in der kapitalistischen Wettbewerbswelt zu sammeln.

Ein solcher Rückzugsort braucht eine angemessene Ausstattung; statt der Wirtschaftsräume, die im Bauernhaus benötigt wurden, und statt der festlichen Säle, in denen der Adel seine Selbstdarstellungen inszenierte, benötigte das Bürgertum nun ein Wohnzimmer, das zum Mittelpunkt des Hauses wurde, in dem sich die Behaglichkeit des Familienlebens – von der feindlichen Umwelt abgeschottet – entfalten konnte. Um das Weihnachtsfest begann sich ein Kult zu entwickeln, der landschaftlich sehr unterschiedlich ausgeprägt war, dessen Rituale sich aber mit erstaunlicher Zähigkeit bis in unsere Tage erhalten haben.

Eine wichtige Bedeutung hatten und haben die Weihnachtsgeschenke vor allem für die Kinder; erst durch die Bescherung erhält das Fest jene prickelnde Bedeutung, die alle Kinderherzen höher schlagen lässt. Bei den Storms spielten Bücher als Weihnachtsgaben immer eine besondere Rolle; an sonstigen Geschenken für die Knaben werden erwähnt: Bilderbücher, Trommeln, ein Transparentkasten, eine lebende Wachtel in grünem Käfig, Baukästen, Flinten mit Knallkorken, eine Menagerie von Tieren aus Papiermaschee in Käfigen mit Messingstangen, ein Kramladen, ein ausgestopftes Kaninchen und ein Schaukellamm. Die Mädchen erhielten ebenfalls Bücher sowie Puppen, die jährlich wieder aufgeputzt wurden; 1877 schenkte man den Töchtern Friederike und Gertrud je eine Wachspuppe mit zugehöriger Puppenwiege. Für die ganze Kinderschar bestimmt waren Münchener Bilderbogen, eine Laterna magi-

ca und ein Kasperle-Theater („Putschenillekasten") mit Handpuppen aus Hamburg.
Wie so viele persönliche Erfahrungen, die dem Dichter bedeutsam waren, hat er auch seine Weihnachtserlebnisse dort literarisch genutzt, wo sie ihm geeignet erschienen, die erfahrene Wirklichkeit poetisch zu überhöhen. In der Novelle „Unter dem Tannenbaum" erzählt Storm von einem Beamten mittleren Alters, der mit seiner Frau und ihrem zehnjährigen Sohn fern der Heimat ein wenig einsam das Weihnachtsfest begeht. Die Novelle weist übrigens starke autobiografische Züge auf. Gemeinsam mit seiner Frau erinnert sich der Erzähler an frühere Weihnachtsfeste im Kreis der großen Familie. Einen Baum haben sie in ihrer Gegend nicht auftreiben können, sodass die Festtagsstimmung etwas getrübt ist; doch ein geheimnisvoller Mann bringt zwei riesige Pakete, aus denen ein Lichterbaum und vielerlei Zierrat und Geschenke ausgepackt werden. Es handelt sich um das Überraschungsgeschenk einer der Familie verpflichteten Gutsbesitzerin. So endet die sentimentale Erinnerung an die Heimat in einem richtigen Weihnachtsfest, in dessen Mittelpunkt der geschmückte Tannenbaum steht. Nach der überraschenden Bescherung erinnert man sich noch einmal an die ferne Heimat. Da erzählt der Vater seinem Sohn von den Vorfahren, von der Tradition der Generationen, von ihrem Leben und ihrem Tod.

Das ist keine weltfremde Idylle, sondern eine Wahrnehmung von Familie, in der der Einzelne sein Dasein in eine Kette der Vorfahren und der Nachwelt einordnet und erst aus dieser festgefügten Ordnung in der Zeit die Gewissheit seiner eigenen Existenz erhält. Storm versteht sich ganz wie der Erzähler in dieser Novelle als Erbe einer Tradition, die vom Fleiß und von der Tüchtigkeit mehrerer Generationen geprägt wurde. Das Haus als das eine Sinnbild dieser Tradition wird vom Vater gebaut und dient dem Sohn und dem Enkel als sichere Behausung; der Sohn bewährt sich zuerst in der Fremde und lernt die Welt kennen, dann kehrt er nach Hause zurück und wirkt tätig in der Heimat. Zwar stirbt der Vorfahre, der das Haus gebaut hat, doch sein Werk lebt weiter im Sohn, der eben in diesem Sinne des Vermächtnisses seines Vaters schaffend tätig ist und diese Tradition auf seinen eigenen Sohn vererbt. „Wohldenkend" und „angesehen" waren diese Männer, und sie haben „ihr Vermögen auf mannigfache Weise ihren Mitbürgern zugute kommen" lassen. Das Verhältnis zu den anderen Bürgern der Stadt wird als „das Verhältnis des gegenseitigen Vertrauens" bezeichnet. Zu diesem Idealbild eines schöpferisch tätigen Bürgertums gehört aber auch das, was „in die Tiefe" gebaut wurde: Neben das Haus tritt als zweites Symbol die Familiengruft, die die Toten beherbergt. Auch sie sind Teil des Lebens, als Erinnerung für die noch Lebenden nämlich und als Vorbilder für ihr Tun. Und es ist aufschlussreich, dass der Erzähler sagt: „Und seltsam, da ich das inne ward, dass ich fort musste, mein erster Gedanke war, ich könnte dort den Platz verfehlen."

Der Verlust der Heimat ist nicht nur der Verlust des Hauses, der Behausung, sondern auch der Verlust des Grabes. Und das kann doch nur so gedeutet werden, dass Storm erst im vollendeten Leben den ganzen Sinn seines Daseins zu erblicken vermochte. Zwar schreckt der Tod in seiner Ungewissheit und Unerklärbarkeit; aber er ist doch zugleich ein Teil des Lebens. Mit ihm endet das Leben des Einzelnen, doch das, was sein Wesen ausmacht, lebt fort in der Tradition der Familie.

Und das ist der Schlüssel zum Verständnis dieses Novellenschlusses. Storm sieht den Sinn des Lebens ganz allein im tätigen Leben selbst. Jeder hat sich zu der guten Tradition zu bekennen, in die er von Geburt gestellt ist. Er ist aber dieser Tradition auch verpflichtet und hat sich zu bewähren. Das Gelingen und das Misslingen solcher Bewährungen schildert der Dichter uns in seinen Novellen am Beispiel der Lebenswege seiner Helden. Und dass der Weihnachtstag inmitten dieses Lebens eine so große symbolische Bedeutung erlangen konnte, verstehen wir jetzt besser, weil man sich an diesem Tag im Kreise der Familie an die Vergangenheit erinnern, aber zugleich mit seinem tätigen Wirken für die Kinder schon auf die Zukunft hin wirken kann. So ist aus dem Fest der christlichen Verheißung eines zukünftigen Heils ein Fest der Familie geworden, die ihren Mitgliedern Kraft geben kann, um im Leben den Gefährdungen durch die Außenwelt zu widerstehen. Theodor Storm versucht also im Weihnachtsfest nicht nur den „ganzen Zauber der Weihnacht seiner Kindheit" in einer jährlich wiederkehrenden sentimentalen Erinnerungsfeier zu bewahren, wie es seine Tochter Gertrud uns nahebringen wollte; er hat vielmehr auch von der Gefährdung des bürgerlichen Lebens gewusst, von den Widersprüchen zwischen der inneren Welt der Familie und dem harten Leben draußen. Der Leser mag nur aufmerksam das Gedicht „Weihnachtsabend" lesen, dann kann er etwas von den Ängsten nachempfinden, die den Dichter oft beschlichen haben. Auch dieses Gefühl gehört, wie die selige Kindheitserinnerung, zu Storms Weihnachten.

Anmerkungen

1 Vgl. Storms Gedicht „Weihnachtsabend“.

2 Das Weihnachtsfest 1836 verlebte Theodor Storm (1817–1888) nicht in Husum im Kreis seiner Familie, sondern bei Verwandten in Altona. Im Herbst des Vorjahres hatte er seine Heimatstadt verlassen und war nach Lübeck gegangen, um sich dort durch den Besuch des berühmten Katharineums auf sein Studium vorzubereiten; da war der Weg nach Altona weniger beschwerlich als der nach Husum. In Altona wohnte er bei Jonas Heinrich Scherff, einem Kaufmann, der mit einer Cousine seiner Mutter verheiratet war. Dort begegnete der Primaner einem kleinen Mädchen, der zehnjährigen Bertha von Buchan (1826–1903), die mit ihrer Pflegemutter Therese Rowohl in Hamburg wohnte und ebenfalls zum Weihnachtsfest eingeladen war. Diese Begegnung muss auf den damals 19-jährigen Storm einen großen Eindruck gehabt haben. Ostern 1837 begann Storm in Kiel mit dem Jura-Studium und blieb das ganze Jahr über mit Bertha in Briefkontakt. Zum Weihnachtsfest 1837 schickte er ihr das Märchen „Hans Bär“, eines seiner ersten Märchen.

3 „Wir glauben, dass Schleswig und Holstein für immer ungeteilt zusammen bleiben!“

4 Storm zitiert sein Gedicht „Weihnachtsgruß“.

5 Mit dem Juristen Hartmuth Brinkmann (1819–1910) und dessen späterer Ehefrau Laura Setzer (1823–1906) war Storm eng befreundet; Briefwechsel von 1850 bis 1878.

6 Storm wohnte seit seiner Hochzeit mit Constanze Esmarch im September 1846 im Hause Neustadt 56.

7 Baron Beisele und sein Hofmeister Dr. Eisele waren bekannte Witzfiguren in den „Fliegenden Blättern“. Vgl. Eva Zahn (Hg.): Querschnitt durch die Fliegenden Blätter. München 1966.

8 Friedrich Federsen (1790–1863), 1838 bis 1859 Propst von Eiderstedt.

9 Ludwig Achim von Arnim, Die Appelmänner (Ein Puppenspiel), in: Ders., Sämmtliche Werke. Neue Ausgabe, 7. Bd., Schaubühne II, Berlin 1857, S. 139–224. (Reprogr. Nachdruck Hildesheim/Zürich/New York 1982)

10 Adresse der Eltern Theodor Storms in Husum.

11 Johann Lorenz Heinrich Kuhlmann (1817–1900), ein Jugendfreund Storms, der als Arzt in Husum praktizierte.

12 Magdalena Woldsen, geb. Feddersen (1766–1854); Großmutter von Theodor Storm.

13 Heinrich Heine: Romanzero, Gedichte (1851); Storm zitiert aus dem 2. Buch („Lamentationen“) das 16. Stück „Im Oktober 1849“.

14 Hans Storm (1848–1886), erster Sohn von Constanze und Theodor Storm.

15 Adolf Glaßbrenner: Die Insel Marzipan. Hamburg 1851.
Hugo Bürkner (1818–1897) schuf Illustrationen zu Johann Peter Hebels und Theodor Storms Gedichten; bekannt wurde er auch durch biedermeierliche Weihnachtsbilder und durch eine Fibel für ABC-Schützen: Hugo Bürkner's große Bilder-Fibel mit 50 neuen schönen Bildern und Reimen. Leipzig 1851.
Moritz Heger: Deutsches Weihnachtsbuch für die Jugend. Für Kinder von 5–8 Jahren. Dresden 1851.
Wilhelm Hey: Fünfzig Fabeln für Kinder. Hamburg 1833. Noch fünfzig Fabeln für Kinder. In Bildern gezeichnet von Otto Speckter. Hamburg 1837.

16 Ernst Storm (1851–1913), zweiter Sohn der Storms.

17 Storm meint eine Laterna magica, ein Projektionsgerät mit transparent bemalten Glasstreifen.
18 Die „Münchner Bilderbogen“ erschienen seit 1844 bei der Firma Braun & Schneider in München.
19 Schiefertafel-Bilder zu deutschen Kinderliedern nach Arnim, Brentano, Simrock u. a. Leipzig 1851.
20 Ein in Schleswig-Holstein bis heute beliebtes Schmalzgebäck.
21 Storm hat diese Notiz auf dem Vorsatzblatt des Kochbuchs angebracht, es handelt sich um „Betty Gleim's Bremisches Kochbuch“, das 1847 in einer vermehrten Auflage von Guste Köhler herausgegeben wurde (Bremen: Verlag von Johann Georg Heyse) und eine Reihe von Rezepten enthält, die in der Familie Storms nachgekocht wurden. „Förtchen“ oder „Futjen“ werden allerdings nicht erwähnt, deshalb hat Storm wohl auch vorn im Buch die Zutaten notiert.
22 Ernst Esmarch (1794–1875), Schwiegervater Storms, und seine Frau Elsabe, geb. Woldsen (1795–1873), eine Schwester von Theodor Storms Mutter, lebten in Segeberg.
23 Karl Storm (1853–1899), dritter Sohn der Storms, die seit 1853 in Potsdam lebten.
24 Die Eltern Theodor Storms waren der in Husum lebende Advokat Johann Casimir Storm (1790–1874) und seine Ehefrau Lucie, geb. Woldsen (1797–1879); das Ehepaar hatte vier Söhne und zwei Töchter.
25 Röschen Stein, eine Berliner Freundin des Hauses Storm.
26 Lisbeth Storm (1855–1899), erste Tochter der Storms.
27 Otto Storm (1826–1908), Bruder von Theodor Storm.
28 Ludwig Tieck: Die Klausenburg. In: L. T.'s gesammelte Novellen. Neunter Band. Berlin 1853 (L.T.'s Schriften. Fünfundzwanzigster Band), S. 73–174.
29 Ein Gewürzkuchenrezept hat Storm im Dezember 1863 auf die Rückseite eines Briefes an seinen Verleger Heinrich Schindler notiert.
30 Überrock (franz.).
31 Storm arbeitete seit 1856 im preußischen Heiligenstadt (Eichsfeld) als Amtsgerichtsrat.
32 Friedrich Eggers (1819–1872), Kunsthistoriker in Berlin; Mitglied des „Tunnels über der Spree“, Freund Fontanes und Storms.
33 Im Storm-Archiv hat sich ein Rezept für braune Kuchen erhalten, das dem der Mutter Storms nahe kommen soll:
Braune Kuchen
Vier Pfund Sirup lässt man ein wenig aufkochen. Vier Pfund Mehl, ein Lot Nelken, eindreiviertel Kardamom, ein Lot Kanel. Die Schale von drei Zitronen kleingeschnitten, ein halbes Pfund Butter, zwei Lot gereinigte Pottasche (in Rosenwasser von Rosen geweicht oder drei Lot Hirschhornsalz, halb und halb), dreiviertel Pfund Mandeln, halbes Pfund Succarde, ein Pfund weißen Hutzucker in kleine Stücke geschlagen. Alles durcheinander verrührt, ein oder zwei Tage stehen lassen, dann ausmangeln, und in Formen stechen und bei starker Hitze gebacken.
34 Zum Verzieren von Weihnachtsbaumschmuck benutzte man Folien aus Messingblech, die ähnlich wie Goldfolien gewalzt oder hauchdünn geschlagen waren. Knittergold war etwas dicker als der „Schaumgold“ genannte Blattgoldersatz.
35 Wilhelm August Corrodi (1826–1885) schrieb „Ein Buch ohne Titel, aber für Kinder von sieben bis siebenmal sieben Jahren“, St. Gallen 1855.
36 Heiligenstadt, Thüringen.
37 Storms Elternhaus in Husum, Hohle Gasse 3.
38 Simon Lorenzen (1802–1884), Freund der Familie Storm.
39 Ingwer Woldsen (1785–1857), Verwandter der Storms.

40 Clausen, der Schreiber; Thomas, der Kutscher.
41 Simon Lorenzen (1802–1884), Freund der Familie Storm.
42 Theodor Körner's sämtliche Werke in 4 Bänden. Stuttgart o. J.
43 Friedrich Straß: Der Strom der Zeiten, oder bildliche Darstellung der Weltgeschichte von der ältesten bis auf die neuesten Zeiten. 3., rechtmäßige und verbesserte Ausgabe, Leipzig 1828.
44 Tine, Hausmädchen bei den Storms.
45 Karl Friedrich Emil Krebs (1815–1897) aus Bredstedt; Vater: Deichinspektor, Schüler an der Husumer Gelehrtenschule bis Michaelis 1830; seit Herbst 1830 Studium in Kiel, Advokat in Bredstedt, enger Freund Storms.
46 Ludwig Pietsch (1824–1911), Journalist und Illustrator; mit Storm befreundet; Briefwechsel von 18??–1888.
47 „Kasper Putschenelle" ist der Name der rüden Handpuppe in Hamburg, die von einer Spielleiste herab ihre derben Späße treibt.
48 Topf hieß ein Eisenwarengeschäft in Husum, wohin die Familie Storm 1864 zurückgekehrt war. Constanze Storm starb am 20. Mai 1965 an den Folgen der Geburt ihres 7. Kindes. 1866 heiratete Theodor Storm Dorothea Jensen.
49 Ludwig Graf zu Reventlow (1824–1893), Landrat von Husum, verheiratet mit Emilie, geb. zu Rantzau (1834–1905); die Familie war mit den Storms befreundet.
50 Hans Storm studierte an verschiedenen Universitäten Medizin.
51 C. A. Nissen (geb. 1839), Amtsgerichtsrat und Kollege Storms am Husumer Amtsgericht.
52 Pauline Petersen (1844–1914), Musiklehrerin in Husum.
53 Emil Souvestre (1806–1854), französischer Schriftsteller.
54 Deutsch-Französischer Krieg 1870/71.
55 Im Altenteil oder Abnahmehaus wohnte der Bauer mit seiner Frau, nachdem der Sohn den Hof übernommen hatte.
56 Dorothea Storm, geb. Jensen (1828–1903), die zweite Ehefrau Theodor Storms.
57 Ernst Stolle (1818–1893) praktizierte als Arzt in Segeberg und war mit Helene Esmarch, einer Schwester von Constanze, Storms erster Frau, verheiratet.
58 Anna Mummy (1809–?), Tante von Dorothea Storm, geb. Jensen, sollte ein Zimmer im „Gasthaus zum Ritter St. Jürgen" beziehen, dem Altenheim der Stadt Husum für alleinstehende Frauen.
59 Kosename von Friederike Storm (1868–1939), der einzigen Tochter Storms aus zweiter Ehe.
60 Theodor Petersen (1851–?), Rektor der Schule in Tönning, Freund Storms.
61 Storms Lyrikanthologie „Hausbuch aus deutschen Dichtern seit Claudius". Illustrierte Ausgabe, Leipzig 1870.
62 Dr. Aemil Storm (1833–1897), Bruder Theodor Storms, Arzt in Husum.
63 Carsten Asmus Jacob: Werke. Ausgewählte Umriß-Stiche v. Wilhelm Müller, hrsg. v. H. Riegel. Leipzig 1869.
64 Gustav Freytag: Bilder aus der deutschen Vergangenheit, 4 Bde., Leipzig 1859–1867.
65 Mit der Familie des Wasserbauingenieurs Christian Eckermann (1833–1904) waren die Storms eng befreundet.
66 Charlotte Storm, geb. Esmarch; Schwester von Constanze, verheiratet mit Aemil Storm.
67 Fritz Reuter: „Ut mine Stromtid" (3 Bde. 1863/64) und „Ut de Franzosentid" (1855).
68 Ferdinand Tönnies (1855–1936), Schulfreund von Ernst Storm, besorgte für Theodor Storm die Korrekturen des „Hausbuchs". Ferdinand war mit seiner Familie bei den Storms zu Besuch.

69 Auch die Kinder der Reventlows gehörten zum Freundeskreis der Familie Storm.
70 Simon Lorenzen (1802–1884), Freund der Familie Storm.
71 Johannes Dethmann (1846–1880), Bürogehilfe am Husumer Amtsgericht.
72 Hans Storm (1848–1886), erster Sohn von Constanze und Theodor Storm.
73 Lisbeth Storm (1855–1899), erste Tochter der Storms.
74 Laura Friedlieb, Witwe des Kieler Professors Ernst Friedlieb, Theodor Storms Vetter zweiten Grades.
75 Kosename von Lucie Storm (1860–1935).
76 Agnes Jensen (1835–1909), jüngste Schwester von Dorothea Jensen, Storms zweiter Frau.
77 Friederike Hornung, Zimmerwirtin von Hans und Ernst Storm in Tübingen.
78 Geschirr aus Glas.
79 Peter Hinrich Herr (1816–1892), Schulfreund Theodor Storms, Pastor im nordfriesischen Langenhorn.
80 Dr. R. Hoburg war Lehrer am Husumer Gymnasium; das Ehepaar Hoburg mietet die untere Etage von Storms Haus in der Wasserreihe 31.
81 Julius Mosen: Sämtliche Werke. Neue Ausgabe in 8 Bänden. Oldenburg 1863–1871.
82 Paul Heyse (1830–1914), Schriftsteller und Freund Theodor Storms; Briefwechsel von 1854–1888.
83 Storm hatte sich beim Umbau des Hauses Wasserreihe 31 eine Holzdecke im Stile der Neugotik einbauen lassen. Heute das Arbeitszimmer des Dichters im Storm-Museum.
84 Ernst Storm war nach absolviertem Jura-Studium in den Referendardienst eingetreten.
85 Friedrich de la Motte-Fouqué (1777–1843), Dichter der Romantik.
86 Wilhelm Petersen (1835–1900), Regierungsrat in Schleswig; Freund Theodor Storms; Briefwechsel von 1874–1888.
87 Aus Nürnberg stammende, in Knittergold gekleidete Engelsfiguren, die als Weihnachtsbaumschmuck dienten.
88 Die berühmten „Husumer braunen Kuchen“ werden in Storms Novellen „Abseits“ und „Unter dem Tannenbaum“ erwähnt.
89 Storm kannte die damalige Adresse Paul Heyses noch nicht, der sich in Rom aufhielt.
90 Ein vergoldeter Lärchenzweig, den man in den Tannenbaum steckte.
91 Hans Storm hatte 1877 endlich nach mehr als 20 Semestern Studium seine ärztliche Approbation erhalten.
92 Erich Schmidt (1853–1913), Literaturwissenschaftler und Freund Theodor Storms; Briefwechsel von 1877–1888.
93 Storms Tochter, die das Stuttgarter Konservatorium besuchte.
94 Lina Strecker in Stuttgart, Verlobte von Erich Schmidt.
95 „Egmont vor seiner Hinrichtung“, Stich von Louis Gallait (1810–1887); „Die heilige Familie“, Stich von Johann Friedrich Overbeck (1789–1869).
96 Daniel Chodowiecki (1726–1801) schuf die Illustrationen zu Le Sage: Gil Blas von Santillana, neu übersetzt von W. Chr. S. Mylius. Berlin 1779.
97 Wally Schmidt, geb. Strecker (1857–1936), seit 1880 mit Erich Schmidt verheiratet.
98 Kosenamen von Storms jüngsten Töchtern Friederike (1868–1939) und Gertrud (1865–1936).
99 Albert Nieß (1843–1913), Zimmermann und Brunnenbauer in Braunschweig.
100 Zwei Wiegen (dänisch).

101 Friedrich Thomsen (1842–1906), Husumer Dekorationsmaler.
102 Lametta (lateinisch-italienisch „lama“, Metallblatt) besteht aus schmalen, dünnen, glitzernden Metallstreifen und ist ebenso wie Rauschgold ein traditioneller Schmuck für den Weihnachtsbaum. Lametta schmückt und symbolisiert am Weihnachtsbaum Eiszapfen.
103 Die Storms waren 1880 von Husum nach Hademarschen umgezogen.
104 Gottfried Keller (1819–1890); Schweizer Schriftsteller; Briefwechsel von 1877–1887.
105 Storm nennt im Folgenden Gedichte und Erzählungen des Schweizer Schriftstellers Conrad Ferdinand Meyer (1825–1898), von dem er mehrere Bücher besaß.
106 Nach heidnischem Glauben zogen nordische Götter und Göttinnen zwischen dem 24. Dezember und dem 6. Januar um, also zur Zeit der Wintersonnenwende.

Literaturhinweis

Gertrud Storm: Weihnachten

Gertrud Storm: Vergilbte Blätter aus der grauen Stadt. Regensburg und Leipzig 1922; Weihnachten, S. 107–120.

Aus Weihnachtsbriefen von Theodor Storm

Die Briefzitate stammen aus folgenden Ausgaben:

Gerd Eversberg (Hg.): Storms erste große Liebe. Storm und Bertha von Buchan in Gedichten und Dokumenten. Heide 1995. (Editionen aus dem Storm-Haus 8)
Theodor Storm – Hartmuth und Laura Brinkmann. Briefwechsel, hg. von August Stahl. Berlin 1986.
Theodor Storms Briefe an Friedrich Eggers, hg. von H. Wolfgang Seidel. Berlin 1911.
Theodor Storm – Ernst Esmarch. Briefwechsel, hg. von Tilo Alt. Berlin 1979.
Theodor Storm, Briefe in die Heimat (an die Eltern), hg. von Gertrud Storm. Braunschweig 1907.
Theodor Storm – Paul Heyse. Briefwechsel, hg. von Clifford Albrecht Bernd. 3 Bände, Berlin 1969/70/74.
Theodor Storm – Gottfried Keller. Briefwechsel, hg. von Karl Ernst Laage. Berlin 1992.
Theodor Storm, Briefe an seine Kinder, hg. von Gertrud Storm. Braunschweig 1916.
Theodor Storm – Ernst Storm. Briefwechsel, hg. von David A. Jackson. Berlin 2007.
Theodor Storm – Wilhelm Petersen. Briefwechsel, hg. von Brian Coghlan. Berlin 1984.
Blätter der Freundschaft. Aus dem Briefwechsel zwischen Theodor Storm und Ludwig Pietsch, hg. von Volquart Pauls. Heide 2. Aufl. 1943.
Theodor Storm – Erich Schmidt. Briefwechsel, hg. von Karl Ernst Laage. 2 Bände, Berlin 1972/76.

Gedichte

Weihnachtsgruß

Storm verfasste das Gedicht im Dezember 1840 als Student in Kiel und schickte es mit der Widmung „Weihnachtsgruß/ von/ Dem Spielmann aus der Weiten/ an/ Das Mädchen groß und schlank,/ Das er durch die Macht der Saiten/ rückwärts in die Kindheit sang." an Bertha von Buchan. Später hat er eine verkürzte Fassung in das Liederbuch dreier Freunde aufgenommen (1845); aus der Separatausgabe der „Gedichte" hat Storm es nach 1864 wieder ausgeschieden. Hier in der ersten Fassung nach: Storms erste große Liebe. Theodor Storm und Bertha von Buchan in Gedichten und Dokumenten. Hg. und erläutert von Gerd Eversberg. Heide 1995, S. 62ff.
Taxus: Eibe; diente früher als Weihnachtsbaum.
Nur die Kindlein gehen ein!: Da Weihnachten im 19. Jahrhundert zum Kinderfest wurde, wählt Storm eine als Zitat eingekleidete Paraphrase auf die Worte Jesu (Matthäus 18,3): „Wenn ihr nicht umkehrt und wie die Kinder werdet, könnt ihr nicht ins Himmelsreich kommen."

Hans Bärlein: Anspielung auf das Märchen „Hans Bär“, das Storm Bertha zum Weihnachtsfest 1837 schenkte.
Spielmann: Storm selbst, der sich in der Widmung an Bertha als „Spielmann aus der Weiten“ bezeichnet.

Weihnachtslied
Das Gedicht ist vermutlich im Jahre 1845 entstanden; Storm trug es handschriftlich in sein Exemplar des „Liederbuchs dreier Freunde“ ein. Der Erstdruck erfolgte im Volksbuch für das Jahr 1846 als Kalenderspruch für den Monat Dezember. Storm veröffentlichte das Gedicht 1851 in seinen „Sommergeschichten und Liedern“ und nahm es 1852 in die Separatausgabe seiner „Gedichte“ auf. Hier nach Theodor Storm: Gedichte und Novellen. Hg. von Karl Ernst Laage und Dieter Lohmeier. Frankfurt am Main 1987. Theodor Storm. Sämtliche Werke in vier Bänden. Band 1, S. 12. (Im Folgenden abgekürzt als „LL“.)

Weihnachtsabend
Über die Entstehung dieses Gedichts ist nichts bekannt; Storm gab es mit anderen Gedichten an Mommsen, der es 1843 in dem von Storm und den Brüdern Theodor und Tycho Mommsen gemeinsam verfassten „Liederbuch dreier Freunde“ veröffentlichte. 1852 nahm Storm es in die Separatausgabe der „Gedichte“ auf; hier nach LL 1, S. 124.

Weihnachtsgruß an Constanze
Das Gelegenheitsgedicht stammt aus einem nicht erhaltenen Brief Theodor Storms an seine Braut Constanze Esmarch in Segeberg; Constanze schrieb Verse aus den an sie gerichteten Briefen in ein Heft; in ihm findet sich der Weihnachtsgruß mit dem Datum 18.12.1845. Das Gedicht wurde zu Lebzeiten Storms nicht veröffentlicht. Hier nach LL 1, S. 245.

Weihnachtsabend 1852
Storm hielt sich um die Weihnachtszeit des Jahres 1852 in Berlin auf, um eine Anstellung in den preußischen Justizdienst zu erwirken. Hier regte ihn ein Spaziergang über den traditionellen Weihnachtsmarkt zu seinem Gedicht an. Im Juli des folgenden Jahres nahm er sich den Text erneut vor und schickte Abschriften an seinen Freund Hartmuth Brinkmann (Brief vom 30.7.1853) und an Theodor Fontane (Brief vom 25.7.1853), dem er das Gedicht zur Veröffentlichung im belletristischen Jahrbuch „Argo“ anbot, für welches er von dem Berliner Freundeskreis um den Kunsthistoriker Franz Kugler eingeladen worden war. Der Redaktionsausschuss lehnte aber eine Veröffentlichung ab. Storm nahm das Gedicht 1856 in die Separatausgabe seiner „Gedichte“ auf. Hier nach LL 1, S. 64f.

Knecht Ruprecht
Dieses berühmte Weihnachtsgedicht findet der Leser in der verbreiteten Fassung in Storms Novelle „Unter dem Tannenbaum“, die 1862 in der „Illustrierten Zeitung“ in Leipzig erschien (in dieser Ausgabe auf S. 83). 1864 nahm Storm die Ballade auch in die Separatausgabe seiner „Gedichte“ auf. Im Storm-Nachlass gibt es eine handschriftliche Spielfassung, die zum Weihnachtsfest 1862 in Heiligenstadt vor der Storm-Familie aufgeführt wurde. Dabei waren damals folgende Kinder der Storms: Hans (14), Ernst (10), Karl (9), Lisbeth (7) und Lucie (2). Der zu Lebzeiten Storms nicht gedruckte Text wird hier nach der Handschrift in der Schleswig-Holsteinischen Landesbibliothek, Kiel wiedergegeben.

Ein Weihnachtsgruß von Freundeshand
Weihnachtsgruß Theodor Storms und seiner Frau Dorothea an Rudolf Fischer-Benzon, den Kieler Gymnasiallehrer und späteren Gründer der Schleswig-Holsteinischen Landesbibliothek, Kiel. Von der Theodor-Storm-Gesellschaft als Weihnachtsgrußkarte 1991 erstmals gedruckt. Hier nach der Handschrift (Schleswig-Holsteinische Landesbibliothek, Kiel).

Novellen

Marthe und ihre Uhr
Storms erste Novelle wurde 1847 niedergeschrieben und von Karl Leonhard Biernatzki im „Volksbuch für das Schaltjahr 1848" veröffentlicht. Storm verarbeitete Erfahrungen, die er als junger Advokat in seiner Heimatstadt Husum gewonnen hatte. Hier nach LL 1, S. 281–287.

Da stand das Kind am Wege (Aus „Immensee")
Dieses Kapitel aus der Novelle „Immensee" wurde in die Sammlung aufgenommen, da es sich um eine für Storm typische Weihnachtserzählung handelt. Storm schrieb die Novelle 1848 und veröffentlichte sie im „Volksbuch für das Jahr 1850". Später hat er die Novelle umgearbeitet und 1851 in den „Sommergeschichten und Liedern" erneut zum Druck gegeben. Mit der 1852 erschienenen Separatausgabe gelang Storm der erzählerische Durchbruch; bis zu seinem Tode im Jahre 1888 wurden 30 Auflagen gedruckt. Hier nach LL 1, S. 304–309.

Unter dem Tannenbaum
Diese Weihnachtsnovelle entstand 1862 in Heiligenstadt als Auftragsarbeit für die in Leipzig erscheinende „Illustrirte Zeitung". Die politischen Ereignisse in der Heimat – nach dem Zusammenbruch der Schleswig-Holsteinischen Bewegung setzte ein Kulturkampf vonseiten der dänischen Verwaltung der Herzogtümer ein – haben stark auf die Erzählung eingewirkt. Zusammen mit „Abseits" wurde sie 1865 unter dem Titel „Zwei Weihnachtsidyllen" mit Illustrationen von Otto Speckter und Ludwig Pietsch als Buch veröffentlicht. Hier nach LL 1, S. 594–618.

Abseits
Auch diese Novelle entstand als Auftragsarbeit des Leipziger Verlegers Johann Jacob Weber für die „Illustrirte Zeitung", wo sie im Dezember 1863 erschien. Die Buchausgabe kam 1865 unter dem Titel „Zwei Weihnachtsidyllen" auf den Markt. Für die Buchausgabe und bei Übernahme in die „Schriften" hat Storm beide Weihnachtsidyllen durchgesehen und kleinere Veränderungen vorgenommen. Hier nach LL 1, S. 619–648.

Abbildungsnachweis

Die abgebildeten Objekte stammen von:

Schleswig-Holsteinische Landesbibliothek, Kiel: S. 51, 52

Theodor-Storm-Gesellschaft, Husum: S. 2, 5, 14, 15, 19, 27, 28, 34, 38, 43, 49

Gerd Eversberg, Münster: S. 22, 47

Gundel Paulsen, Husum: S. 27

Ursula Pfistermeister, Fürnried/Burgenland
aus E. Stille/U. Pfistermeister, Christbaumschmuck: S. 7

Husum Verlag/ Günter Pump und Verlagsarchiv: S. 11, 20, 48, 54, 57, 58, 64, 68, 71, 76, 78, 85, 87, 97

Weihnachtshaus, Sammlung Alix Paulsen, Husum,
Fotos Günter Pump: S. 7, 8, 9, 12, 13, 21, 31, 32, 36, 37, 41, 42, 44, 45, 57, 61, 73, 74, 81, 82, 89, 90, 93, 94, 101, 102, 103, 107

Inhalt